رمضان کی رحمتیں

(مضامین)

مرتب:

مکرم نیاز

Ramadan ki RahmateiN *(Essays)*

by: Mukarram Niyaz

Edition: March '2025

Publisher :

Taemeer Publications LLC (Michigan, USA / Hyderabad, India)

ISBN 978-93-5872-428-8

کتاب	:	**رمضان کی رحمتیں** (مضامین)
مرتب	:	**مکرم نیاز**
صنف	:	مذہب
ناشر	:	تعمیر پبلی کیشنز (حیدرآباد، انڈیا)
سالِ اشاعت	:	۲۰۲۵ء
صفحات	:	۷۲
سرورق ڈیزائن	:	تعمیر ویب ڈیزائن

فہرست

ابتدائیہ

راقم الحروف نے ۱۵؍دسمبر ۲۰۱۲ کو 'تعمیر نیوز' کا آغاز بطور نیوز پورٹل کیا تھا جسے جنوری ۲۰۱۸ء سے ایک علمی، ادبی، سماجی اور ثقافتی پورٹل میں تبدیل کیا گیا۔ تبدیلی کی بنیادی فکر یہی رہی کہ اردوداں قارئین کے ذوقِ مطالعہ میں اضافہ کی خاطر انہیں صرف خبروں تک محدود رکھنے کے بجائے اردو زبان و ادب کے اس علمی ذخیرے سے مستفید کیا جائے جس کی سائبر دنیا میں آج بھی کمی محسوس کی جاتی ہے۔ ایک دہائی سے زائد طویل سفر کے دوران 'تعمیر نیوز' نے علمی و ادبی مواد کے انتخاب اور معیار کی برقراری کے لیے اپنا فریضہ نبھانے میں کوئی کوتاہی نہیں برتی ہے۔

علمِ نافع کی اشاعت کی خاطر سائبر دنیا کے متعدد علمی، ادبی و ثقافتی ویب پورٹلس پر مذہبی و اصلاحی مضامین کی شمولیت کو بھی مناسب اہمیت اور جگہ دی گئی ہے۔ تعمیر نیوز نے اسی روایت کی پاسداری کرتے ہوئے کسی خاص مکتب فکر کو ترجیح دینے کے بجائے معلوماتی و مفید مذہبی و اصلاحی مضامین و مقالات کو شائع کرنے کا اہتمام کر رکھا ہے۔ ماہِ مقدس رمضان کے موضوع پر شائع شدہ انہی مضامین کا ایک انتخاب زیر نظر کتاب "رمضان کی رحمتیں" کی شکل میں پیش خدمت ہے۔

امید ہے کہ اس کاوش کا علمی، ادبی و مذہبی حلقوں میں استقبال کیا جائے گا۔

۲؍مارچ ۲۰۲۵ء　　　　یکم رمضان ۱۴۴۶ھ :

حیدرآباد (تلنگانہ، انڈیا)

ماہ صیام کی فضیلت و احکام اور فوائد

محمد ابو حذیفہ بستوی

رسول اکرم ﷺ نے فرمایا اے لوگو! تم پر ایک مہینہ آرہا ہے جو نہایت مبارک مہینہ ہے جس کی عبادت ہزار مہینوں سے افضل ہے۔ اس مقدس مہینے کی نفل و سنت عبادت ہزار مہینوں سے افضل ہے۔ اس مقدس مہینے کی نفل و سنت عبادت کا ثواب دوسرے مہینوں کی فرض کے برابر ہے۔ اور ایک فرض ستر فرضوں کے برابر ہو جاتا ہے۔ اس مہینے میں جو کسی روزہ دار کو افطار کرادے خواہ پانی یا کھجور ہی سے تو اس کو روزہ دار کے ثواب کے برابر اجر ملتا ہے اس مبارک مہینہ کا ابتدائی حصہ رحمت اور درمیانی حصہ مغفرت اور آخری حصہ جہنم سے خلاصی اور آزادی کا ہے۔

روزے کا حکم:

رمضان المبارک کے پورے روزے ہر عاقل، بالغ، مقیم، (جو مسافر نہ ہو) مرد اور عورت جس میں روزہ رکھنے کا طاقت ہو فرض عین ہے جب تک کوئی عذر نہ ہو روزہ چھوڑنا درست نہیں لیکن اگر عورت کو حیض و نفاس آتا ہو اس کو روزہ نہ رکھنا چاہئے بعد میں اس کی قضا رکھے اسی طرح جب معذور کا عذر ختم ہو جائے گا تو وہ بھی قضا رکھے۔ (عالمگیری، ص:۱۹۵، ج:۱)

روزہ کی فضیلت:

یہی وہ متبرک مہینہ ہے جس میں ہر نیکی کا ثواب ستر گنا ہو جاتا ہے۔(متفق علیہ) یہی وہ بابرکت مہینہ ہے جس کے روزہ کو رسول اللہ ﷺ نے دوزخ سے بچنے کی ڈھال اور قلعہ بتلایا ہے۔(صحیح مسلم، ص:۳۶۳) یہی وہ محترم مہینہ ہے کہ روزہ دار کے منہ کی بدبو اللہ تعالیٰ کے نزدیک مشک کی خوشبو سے بھی زیادہ پیاری ہے، قیامت کے دن روزے کا بے حد ثواب ملے گا۔ یہی وہ پاکیزہ مہینہ ہے کہ روزہ رکھنے والے کے لئے قیامت کے دن عرش کے نیچے دستر خوان چنا جائے گا اور وہ لوگ اس پر بیٹھ کر کھانا کھائیں گے بقیہ سب لوگ ابھی حساب ہی میں پھنسے ہوں گے اس پر وہ کہیں گے کہ یہ سب کیسے کھاپی رہے ہیں اور ہم ابھی حساب ہی میں پھنسے ہوئے ہیں ان کو جواب ملے گا کہ یہ لوگ روزہ رکھا کرتے تھے اور تم لوگ روزہ نہیں رکھتے تھے۔

روزہ کی نیت:

نیت کرنا فرض ہے دل سے روزہ کا قصد و ارادہ کرنا ہی نیت ہے، نیت آدھے دن سے قبل کر لینا ضروری ہے۔(عالمگیری، ص:۱۹۵،ج:۱)

سحری کھانا: سحری کھانا سنت ہے حضور اقدس ﷺ نے فرمایا کہ سحری کھایا کرو اس میں برکت ہوتی ہے۔(متفق علیہ)

افطار: سورج ڈوبتے ہی روزہ کھولنا اور ابر کے دن تھوڑی تاخیر کرنا سنت ہے، چھوہارہ یا کھجور سے افطار کرنا بہتر ہے۔ جو شخص ایک گھونٹ پانی سے کسی کا روزہ کھلوادے تو اس کو روزہ دار کے مانند ثواب ملتا ہے اور روزہ رکھنے والے کے ثواب میں کمی نہیں ہوتی۔(ابوداؤد)

روزہ سے تندرستی میں اضافہ:

حضرت ابو ہریرہؓ فرماتے ہیں کہ آنحضرت نے ارشاد فرمایا: کہ جہاد کرو مال غنیمت حاصل کرو گے، اور روزہ رکھو صحت مند رہو گے، اور سفر کرو دوسروں سے بے نیاز ہوں گے۔

روزہ جہنم سے بچاؤ کے لئے ڈھال ہے:

حضرت جابرؓ آنحضرت ﷺ سے روایت فرماتے ہیں کہ روزہ ایسی ڈھال ہے کہ جس سے بندہ جہنم سے بچاؤ کرتا ہے۔ روزہ بدن کی زکوۃ ہے: حضرت ابو ہریرہؓ روایت رکتے ہیں کہ آنحضرت ﷺ نے ارشاد فرمایا: کہ روزہ آدھا صبر ہے اور ہر چیز کی زکوۃ ہوتی ہے اور بدن کی زکوۃ روزہ ہے۔

روزہ کا عظیم الشان فائدہ:

حضرت ابو الدرداءؓ فرماتے ہیں کہ آنحضرت ﷺ نے ارشاد فرمایا: کہ جو شخص اللہ کے راستے میں ایک دن روزہ رکھے اللہ تعالیٰ اس کے اور دوزخ کے درمیان اتنی بڑی خندق حائل کر دیتے ہیں جتنی مسافت زمین و آسمان کے درمیان ہے۔

روزہ سے گناہوں کا کفارہ: حضرت ابو سعید خدریؓ سے منقول ہے کہ آنحضرت ﷺ نے ارشاد فرمایا: کہ جو شخص رمضان کا روزہ رکھے اور اس کی حدود کی رعایت رکھے اور جن چیزوں کی نگہداشت کرنی چاہئے انکی نگرانی کرے تو اس کے گزشتہ معاصی کا کفارہ ہو جائے گا۔

روزہ دار کی دعا رد نہیں ہوتی ہے:

حضرت ابو ہریرہؓ سے روایت ہے کہ نبی کریم ﷺ نے ارشاد فرمایا: کہ روزہ دار کی دعا رد نہیں کی جاتی۔ حضرت ابو ہریرہؓ سے روایت ہے کہ پیغمبر ﷺ نے فرمایا: کہ تین شخصوں کی دعا رد نہیں کی جاتیں (۱) روزہ دار کی افطار کے وقت کی دعا (۲) عادل

بادشاہ کی دعا(۳) مظلوم کی دعا۔

روزہ کو توڑ دینے والی چیزیں:

(جن سے صرف قضا واجب ہوتی ہے)

ناک یا کان میں دوا یا تیل ڈالنا۔ ناس لینا۔ کلی کرتے وقت حلق میں پانی چلا جانا، انیمہ لینا، لوبان وغیرہ کی دھونی لینا، سحری کھاتے کھاتے صبح طلوع ہو جانا، انسب باتوں سے روزہ ٹوٹ جاتا ہے اور صرف قضا واجب ہوتی ہے، اور عمداً کھاپی لینے اور جماع کر لینے سے قضا و کفارہ دونوں واجب ہوتے ہیں۔

جن چیزوں سے روزہ نہیں ٹوٹتا:

خوشبو سونگھنا، خود بخود قے ہونا، ہر کسی قسم کا انجکشن لینے آنکھ میں دوا نیز سرمہ لگانے یا حلق میں مکھی، غبار یا دھواں کے چلے جانے سے روزہ نہیں ٹوٹتا۔

تراویح:

تراویح سنت موکدہ ہے ۲۰ رکعت، ۲-۲ رکعت کر کے پڑھنا چاہائے اور پورا قرآن شریف سننا یا پڑھنا سنت ہے۔

حضرت ڈاکٹر عبدالحیٔؒ فرمایا کرتے تھے کہ یہ تراویح بڑی عجیب چیز ہے اس کے ذریعہ اللہ تعالیٰ ہر انسان کو روزانہ عام دنوں کے مقابلہ میں ۴۰ مقامات قرب مزید عطا فرماتے ہیں، اس لئے تراویح ۲۰ رکعت ہے جن میں چالیس سجدے ہیں یہی اعلیٰ مقامات قرب ہیں۔ احادیث میں ۸ رکعت اور ۲۰ رکعت دو، دو رکعت کر کے پڑھنے کو کہا گیا ہے

زکوۃ و صدقہ فطر:

جس کے پاس ساڑھے ۵۲ تولہ یعنی ۶۰۰ ساڑھے ۱۲ گرام چاندی یا ساڑھے ۷ یعنی ساڑھے ۸۷ گرام سونا یا اس کی قیمت کے برابر مال تجارت یا روپے ہوں اور اس پر سال

گزر جائے تو وہ صاحب نصاب ہے اور اس پر زکوۃ واجب ہے، صدقہ فطر کے واجب ہونے کے لئے صاحب نصاب ہونا کافی ہے۔ سال گزرنا شرط نہیں ہے۔ صدقہ فطر اپنی طرف سے اور اپنی نابالغ اولاد کی طرف سے ایک کلو ۶۳۵ گرام گیہوں یا چاول یا اس کی قیمت غریب اعزا و اقرباء طالبان علم دین اور فقراء و مساکین کو دینا واجب ہے، کیونکہ بغیر صدقۂ فطر ادا کئے ہوئے روزہ قبول نہیں ہوتا۔

***

ماہ رمضان - فضائل وبرکات

رفیع الدین حنیف قاسمی

رمضان رمض (بمعنی جلنا) سے ماخوذ ہے، چونکہ یہ مہینہ بھی گناہوں کو جلادیتا ہے، اس لئے اس کو ماہِ رمضان کہتے ہیں، یا رمضان رمض بمعنی (زمین کی گرمی سے پاؤں کا جلنا) سے ماخوذ ہے، چونکہ ماہ رمضان بھی تکلیف نفس اور جلن کا سبب ہوتا ہے، اس لئے اس کو رمضان کہتے ہیں۔

رمضان المبارک کی آمد آمد ہے، یہ مہینہ ایک مسلمان کے لئے نہایت برکت وفضیلت کا حامل مہینہ ہے، اس کی بے شمار خیر وخوبیاں اور بے حساب فضائل ومناقب ہیں، یہ مہینہ ایک مومن کے لئے گناہوں کی بخشش ومغفرت اور نیکیوں اور بھلائیوں کے حصول اور رضاءِ رب کے جویا اور متلاشی کے لئے گویا ایک سیزن اور اللہ کو راضی کرنے اور منوانے اور اپنے گناہوں کے دھلوانے اور اس کے بخشوانے کا بہترین موقع ہے۔ اس ماہ میں اللہ کی رحمت بارش کی طرح برستی ہے، مغفرت کا پروانہ ملتا ہے اور جہنم کی آگ سے آزادی ملتی ہے، خیر کے طلبگار آگے بڑھتے ہیں، شر کے متلاشی پیچھے ہٹائے جاتے ہیں، ہر عبادت کا ثواب بڑھادیا جاتا ہے، نفل کا ثواب فرض کے برابر اور فرض کا ثواب ستر فرضوں کے مقدار میں عطا کیا جاتا ہے۔ مومنوں کے لئے جنت سجائی جاتی ہے۔

رمضان کی فضیلت:

حضرت ابو مسعود رضی اللہ عنہ سے روایت ہے فرماتے ہیں میں نے رسول اکرم ﷺ کو یہ فرماتے ہوئے سنا کہ اگر لوگوں کو یہ معلوم ہو جائے کہ رمضان المبارک کی حقیقت کیا ہے تو میری یہ امت تمنا کرے گی کہ سارا سال رمضان ہو جائے پھر (قبیلہ خزاعہ) کے ایک شخص نے عرض کیا کہ اے اللہ کے نبی! (رمضان کے بارے میں) ہمیں کچھ بتلایئے، آپ نے ارشاد فرمایا: رمضان المبارک کے لئے جنت شروع سال سے اخیر سال تک سجائی جاتی ہے، جب رمضان شریف کا پہلا دن ہوتا ہے تو عرش (الٰہی) کے نیچے سے ایک ہوا چلتی ہے، جس سے جنت کے درختوں کے پتے ہلتے (اور بجنے) لگتے ہیں اور حور عین عرض کرتی ہیں، اے ہمارے رب! اس مبارک مہینے میں ہمارے لئے اپنے بندوں میں سے کچھ شوہر مقرر کر دیجئے جن سے ہم اپنی آنکھیں ٹھنڈی کریں اور وہ ہم سے اپنی آنکھیں ٹھنڈی کریں۔

اس کے بعد آپ ﷺ نے فرمایا: کوئی بندہ ایسا نہیں ہے کہ رمضان شریف کا روزہ رکھے مگر یہ بات ہے کہ اس کی شادی ایسی حور سے کر دی جاتی ہے جو ایک ہی موتی سے بنے ہوئے خیمے میں ہوتی ہے، جیسا کہ اللہ تعالیٰ نے کلام پاک میں فرمایا ہے: "حور مقصورات فی الخیام" (الرحمن: ۷۲) (خیموں میں رکی رہنے والی حوریں) اور ان عورتوں میں سے ہر عورت کے جسم پر ستر قسم کے لباس ہوں گے، جن میں سے ہر لباس کا رنگ دوسرے لباس سے مختلف ہو گا اور انہیں ستر قسم کی خوشبو دی جائے گی، جن میں سے ہر خوشبو کا انداز دوسرے سے مختلف ہو گا، اور ان میں سے ہر عورت کی (خدمت اور ضرورت کے لئے ستر ہزار نوکرانیاں اور ستر ہزار خادم ہوں گے، ہر خادم کے ساتھ سونے کا ایک بڑا پیالہ ہو گا جس میں کئی قسم کا کھانا ہو گا (اور وہ کھانا اس قدر لذیذ ہو گا کہ)

اس کے آخری لقمے کی لذت پہلے لقمے سے کہیں زیادہ ہو گی اور ان میں سے ہر عورت کے لئے سرخ یاقوت کے تخت ہوں گے، ہر تخت پر ستر بستر ہوں گے جن کے استر موٹے ریشم کے ہوں گے اور ہر بستر پر ستر گدے ہوں گے اور اس کے خاوند کو بھی اسی طرح سب کچھ دیا جائے گا (اور وہ) موتیوں سے جڑے ہوئے سرخ یاقوت کے ایک تخت پر بیٹھا ہو گا، اس کے ہاتھوں میں وہ کنگن ہوں گے، یہ رمضان المبارک کے ہر روزہ کا بدلہ ہے (خواہ) جو (شخص) بھی روزہ رکھے (اور روزہ دار نے) روزہ کے علاوہ جو نیکیاں (اعمال صالحہ) کی ہیں، ان کا اجر و ثواب اس کے علاوہ ہے، مذکورہ ثواب صرف روزہ رکھنے کا ہے (مجمع الزوائد: باب فی شہور البرکۃ، وفضل شہر رمضان، حدیث: ۴۷۷۳، علامہ ہیثمی فرماتے ہیں کو اس کو طبرانی نے کبیر میں روایت کیا ہے اس میں ہیاج بن بسطام ضعیف ہے، علامہ ابن حجر مطالب العالیۃ میں فرماتے ہیں: اس کو ابن خزیمہ نے اپنی صحیح میں روایت کیا ہے، پھر کہا ہے کہ اگر یہ خبر صحیح ہے، لیکن جریر بن ایوب کی وجہ سے یہ کھٹکتی ہے، لیکن چونکہ یہ رغائب اور فضائل سے تعلق رکھتی ہے، اس لئے اس سے تساہل برتا ہے)

حضرت ابوہریرہ رضی اللہ عنہ سے مروی ہے کہ نبی کریم صلی اللہ علیہ وسلم نے فرمایا: میری امت کو رمضان میں پانچ چیزیں ایسی دی گئی ہیں جو اس سے پہلے کسی امت کو نہیں دی گئیں (۱) روزہ دار کے منہ کی بو اللہ کے نزدیک مشک کی خوشبو سے زیادہ پاکیزہ ہے (۲) افطار تک فرشتے ان کے لئے استغفار کرتے رہتے ہیں (۳) اللہ تعالی روزانہ جنت کو مزین فرماتے ہیں اور فرماتے ہیں کہ عنقریب میرے نیک بندے اپنے اوپر سے محنت و تکلیف کو اتار پھینکیں گے اور تیرے پاس آئیں گے (۴) اس مہینے میں سرکش شیاطین کو جکڑ دیا جاتا ہے۔ لہذا غیر رمضان میں انہیں جو آزادی حاصل ہوتی ہے وہ اس مہینے میں نہیں ہوتی (۵) ماہ رمضان کی آخری رات میں روزہ داروں کی بخشش کر دی جاتی ہے کسی

نے پوچھا یا رسول اللہ رسول اللہ صلی اللہ علیہ وسلم کیا یہی شب قدر ہے؟ فرمایا نہیں البتہ بات یہ ہے کہ جب مزدور اپنی مزدوری پوری کرلے تو اسے اس کی تنخواہ پوری پوری دے دی جاتی ہے۔(مسند احمد: مسند أبي هريرة، حدیث: ۷۹۰۴، علامہ منذری فرماتے ہیں، اس کو احمد، بزار، بیہقی، ابوالشیخ ابن حبان نے کتاب الثواب میں نقل کیا ہے، پھر ایک دوسری سند سے اس روایت کو نقل کرکے فرماتے ہیں، یہ پہلی والی روایت سے زیادہ اصلح ہے)

حضرت ابوسعید خدری رضی اللہ عنہ سے روایت ہے کہ فرماتے ہیں کہ رسول اللہ کریم صَلَّی اللّٰہُ عَلَیْہِ وَسَلَّم نے ارشاد فرمایا: جب رمضان المبارک کی پہلی رات ہوتی ہے تو آسمان کے دروازے کھول دیئے جاتے ہیں اور ان دروازوں میں سے کوئی دروازہ بھی رمضان کی آخری رات آنے تک بند نہیں کیا جاتا اور کوئی مسلمان بندہ ایسا نہیں ہے کہ رمضان شریف کی راتوں میں سے کسی رات میں نماز پڑھے مگر یہ کہ اللہ تعالیٰ اس کیلئے ہر سجدے کے بدلے میں ڈھائی ہزار نیکیاں لکھے گا اور اس کے لئے جنت میں سرخ یاقوت کا ایک مکان بنادے گا، جس کے ساٹھ ہزار دروازے ہوں گے اور ہر دروازے پر سونے کا ایک محل ہوگا جو سرخ یاقوت سے آراستہ ہوگا، پھر جب رزوہ دار رمضان المبارک کے پہلے دن کا روزہ رکھتا ہے تو اس کے گذشتہ سب گناہ معاف کردیئے جاتے ہیں اور روزہ دار کے لئے روزانہ صبح کی نماز سے لے کر غروب آفتاب تک ستر ہزار فرشتے اللہ تعالیٰ سے مغفرت چاہتے ہیں اور رمضان شریف کی رات یا دن میں (اللہ کے حضور میں) کوئی سجدہ کرتا ہے تو ہر سجدہ کے عوض اس کو (جنت میں) ایک ایسا درخت ملتا ہے جس کے سایہ میں سوار پانچ سو برس تک چل سکتا ہے۔

رمضان مغفرت کا مہینہ:

رمضان بخشش اور مغفرت کا مہینہ، گنہ گاروں اور پاپیوں کے گناہوں کے دھلوانے اور خدا کے حضور اپنی انابت وخشوع وخضوع اور اپنی عبادات اور لقاءرب کے شوق کو دکھلا کر اپنے آپ کو ذنوب وعصیان سے پاک وصاف کرنے کا مہینہ ہے، اس لئے حضور اکرم ﷺ نے اس شخص کے حق میں بددعا فرمائی ہے جو رمضان کا مہینہ پائے، پھر اپنی مغفرت کا سامان نہ کرسکے۔

حضرت ابن عباس رضی اللہ عنہما سے مروی ہے کہ نبی کریم ﷺ منبر پر چڑھے، تین مرتبہ آمین کہا، پھر فرمایا: تم جانتے ہو کہ میں نے آمین کیوں کہا: تو حضرات صحابہ نے عرض کیا: اللہ اور اس کے رسول زیادہ جانتے ہیں، فرمایا: میرے پاس حضرت جبرئیل تشریف لائے تھے، انہوں نے مجھے بتلایا کہ اے محمد (ﷺ) جس کے پاس آپ کا ذکر ہو اور وہ آپ پر درود نہ پڑھے تو وہ جہنم میں داخل ہو جائے اور اس کو اللہ عزوجل اپنے سے دور کر دے، انہوں نے آمین کہنے کو کہا تو میں نے آمین کہا، جو شخص اپنے والدین یا ان میں سے کسی ایک کو پائے اور ان کی اطاعت نہ کرسے تو وہ جہنم میں داخل ہو جائے اور اللہ عزوجل اس کو اپنی رحمت سے دور کر دے تو میں نے کہا: آمین، پھر فرمایا: جو شخص رمضان کا مہینہ پائے اور اس کی مغفرت و بخشش نہ ہوسکے تو وہ جہنم میں جائے اور اللہ عزوجل اس کو اپنے رحمت سے دور کر دے تو میں نے کہا: آمین (علامہ ہیثمی فرماتے ہیں: اس حدیث کو طبرانی نے روایت کیا ہے، اور یہ ضعیف ہے اور اپنے دیگر شواہد کی وجہ سے صحیح ہو جاتی ہے)۔

حضرت ابوہریرہ رضی اللہ عنہ سے مروی ہے کہ مسلمان پر ماہ رمضان سے بہتر کوئی مہینہ سایہ فگن نہیں ہوتا اور منافقین پر رمضان سے زیادہ سخت کوئی مہینہ نہیں آتا اور اس کی وجہ یہ ہے کہ مسلمان اس مہینے میں عبادت کے لئے طاقت مہیا کرتے ہیں اور

منافقین لوگوں کی غفلتوں اور عیوب کو تلاش کرتے ہیں۔(مسند احمد: مسند أبی ہریرۃ، حدیث:۸۳۶۸)

رمضان جہنم سے آزادی کا مہینہ:

اللہ عزوجل کے یہاں رمضان کے ہر دن لوگ جہنم سے آزاد کئے جاتے ہیں اور ہر مسلمان مرد و عورت کی ایک دعا قبول ہوتی ہے، یعنی یہ دعا کی قبولت اور نماز، روزوں، تلاوت قرآن، تراویح اور دیگر اعمالِ صالحہ سے مسلمان کے اپنی زندگی سے معمور کر کے اپنے آپ کو جہنم سے آزادی دلانے کا مہینہ ہے۔

ابوہریرہ رضی اللہ تعالی عنہ روایت ہے کہ رسول اللہ صلی اللہ علیہ وآلہ وسلم نے فرمایا جب رمضان کی پہلی رات آتی ہے تو شیاطین اور سرکش جنوں کو زنجیروں میں جکڑ دیا جاتا ہے اور دوزخ کے دوروازے بند کر دیئے جاتے ہیں اور پھر اس کا کوئی دروازہ نہیں کھولا جاتا پھر جنت کے دروازے کھول دیئے جاتے ہیں اور اس کا کوئی دروازہ بند نہیں کیا جاتا اور پکارنے والا پکارتا ہے اے خیر کے طلبگار آگے بڑھ اور اے شر کے طلبگار ٹھہر جا اور اللہ کی طرف سے بندے آگ سے آزاد کر دیئے جاتے ہیں یہ معاملہ ہر رات جاری رہتا ہے (ترمذی: باب فضل شہر رمضان، حدیث:۶۸۲) اور ایک روایت میں ہے: رمضان کے ہر غروب کے وقت ایک فرشتہ آواز لگاتا ہے، اے خیر کے طلبہ گار آگے بڑھ، ہے کوئی دعامانگنے والا کہ اس کی دعا قبول کی جائے، ہے کوئی سوال کرنے والا کہ اس کو عنایت کیا جائے، ہے کوئی مغفرت چاہنے والا کہ اس کی بخشش کی جائے، ہے کوئی توبہ کرنے والا کہ اس کی توبہ قبول کی جائے، اللہ عزوجل ہر رات افطار کے وقت رمضان میں اپنے کچھ بندے اور بندیوں کو جہنم سے آزاد فرماتے ہیں (فضائل شہر رمضان لابن شاہین:۳۶، مکتبۃ المینار، اردن)۔

رمضان میں نیکیوں کا ثواب دوچند کر دیا جاتا ہے:

حضرت سلمان فارسی رضی اللہ تعالی عنہ کہتے ہیں کہ رسول کریم صلی اللہ علیہ وآلہ وسلم نے شعبان کے آخری دن ہمارے سامنے (جمعہ کا یا بطور تذکیر و نصیحت) خطبہ دیتے ہوئے فرمایا کہ لوگو! باعظمت مہینہ تمہارے اوپر سایہ فگن ہو رہا ہے، یہ بڑا ہی بابرکت اور مقدس مہینہ ہے یہ وہ مہینہ ہے جس میں وہ رات ہے جو ہزار مہینوں سے بہتر ہے، اللہ تعالی نے اس مہینے کے روزے فرض کئے ہیں اور اس کی راتوں قیام (عبادت خداوندی) جاگنا نفل قرار دیا ہے جو اس ماہ مبارک میں نیکی (یعنی نفل) کے طریقے اور عمل کے بارگاہ حق میں تقرب کا طلبگار ہوتا ہے تو وہ اس شخص کی مانند ہوتا ہے جس نے رمضان کے علاوہ کسی دوسرے مہینے میں فرض ادا کیا ہو (یعنی رمضان میں نفل اعمال کا ثواب رمضان کے علاوہ دوسرے دنوں میں فرض اعمال کے ثواب کے برابر ہوتا ہے) اور جس شخص نے ماہ رمضان میں (بدنی یا مالی) فرض ادا کی تو وہ اس شخص کی مانند ہو گا جس نے رمضان کے علاوہ کسی مہینے میں ستر فرض ادا کئے ہوں (یعنی رمضان میں کسی ایک فرض کی ادائیگی کا ثواب دوسرے دنوں میں ستر فرض کی ادائیگی کے ثواب کے برابر ہوتا ہے) اور ماہ رمضان صبر کا مہینہ ہے (کہ روزہ دار کھانے پینے اور دوسری خواہشات سے رکا رہتا ہے) وہ صبر جس کا ثواب بہشت ہے ماہ رمضان غم خواری کا مہینہ ہے لہذا اس ماہ میں محتاج و فقرا کی خبر گیری کرنی چاہئے اور یہ وہ مہینہ ہے جس میں (دولت مند اور مفلس ہر طرح) مومن کا (ظاہر اور معنوی) رزق زیادہ کیا جاتا ہے جو شخص رمضان میں کسی روزہ دار کو (اپنی حلال کمائی سے) افطار کرائے تو اس کا یہ عمل اس کے گناہوں کی بخشش و مغفرت کا ذریعہ اور دوزخ کی آگ سے اس کی حفاظت کا سبب ہو گا اور اس کو روزہ دار کے ثواب کی مانند ثواب ملے گا بغیر اس کے روزہ دار کے ثواب میں کوئی کمی ہو۔ ہم نے عرض

کیا کہ یا رسول اللہ! ہم میں سب تو ایسے نہیں ہیں جو روزہ دار کی افطاری کے بقدر انتظام کرنے کی قدرت رکھتے ہوں۔ آپ صلی اللہ علیہ وآلہ وسلم نے فرمایا یہ ثواب اللہ تعالی اس شخص کو بھی عنایت فرماتا ہے جو کسی روزہ دار کو ایک گھونٹ لسی یا کھجور اور یا ایک گھونٹ پانی ہی کے ذریعے افطار کرادے اور جو شخص کسی روزہ دار کو پیٹ بھر کر کھلائے تو اللہ تعالی اسے میرے حوض (یعنی حوض کوثر) سے اس طرح سیراب کرے گا کہ وہ (اس کے بعد) پیاسا نہیں ہو گا۔ یہاں تک کہ وہ بہشت میں داخل ہو جائے اور ماہ رمضان وہ مہینہ ہے جس کا ابتدائی حصہ رحمت ہے درمیانی حصہ بخشش ہے یعنی وہ مغفرت کا زمانہ ہے اور اس کے آخری حصے میں دوزخ کی آگ سے نجات ہے (مگر تینوں چیزیں مومنین کے لیے ہی مخصوص ہیں کافروں کا اس سے کوئی تعلق نہیں ہے) اور جو شخص اس مہینے میں اپنے غلام ولونڈی کا بوجھ ہلکا کرے گا تو اللہ تعالی اسے بخش دے گا اور اسے آگ سے نجات دے گا۔ (الترغیب: کتاب الصوم، الترغیب فی الصوم، حدیث:۱۴۸۳، علامہ منذری فرماتے ہیں: اس کو ابن خزیمہ نے اپنی صحیح میں روایت کیا ہے، پھر فرمایا یہ خبر صحیح ہے)

اس لئے ضرورت اس بات کی ہے کہ اس رمضان کے مہینہ کی ہم جس قدر ممکن ہو سکے قدر کریں، اس کے فضائل اور برکات کے استحضار اور یاددہانی کا مقصود بھی یہی ہے کہ اس ماہِ مبارک کے سایہ فگن ہونے اور اس کی آمد آمد سے پہلی ہی ہم اسکے خیر وبرکات اور اس کے فضائل ومناقب کو جان کر اس کا اہتمام کرنے ولے بنیں اور اس کی تمام عبادت میں دلجمعی اور دلچسپی کا مظاہرہ کر کے رضاءرب، لقاءرب، جنت اور اس س کی نعمتوں اور اس کے آسائش وآرام کے مستحق بنیں۔ لوگوں کو افطار کروائیں، یکسو ہو کر عبادات میں لگ جائیں، دعاؤں کا خوب اہتمام کریں، یہ قبولت دعا کے موقع ہے، خیر اور

بھلائی کے کاموں میں خوب خرچ کریں، تلاوت قرآن کریم سے اپنے رات و دن کو معمور کریں، نماز پنج گانہ باجماعت ادا کریں۔ ذکر و فکر میں اپنے اوقات صرف کریں استغفار کی کثرت کریں، دعاؤں کے ذریعہ جنت کا سوال اور جہنم سے پناہ چاہیں۔

آج امت مسلمہ کا المیہ یہ ہے کہ اس نے رمضان کو بجائے اس کے کہ وہ نیکوں کے اکٹھا کرنے کا سیزن ہوتا ہے، ہم نے اسے کمائی کا سیزن بنالیا ہے، اس لئے تجار کو اور دیگر پیشوں سے وابستہ حضرات کو دن بھر اپنے کاموں سے فارغ ہو کر یکسوئی کے ساتھ عبادات میں لگ جانا چاہئے، اس کے ساتھ ساتھ مسلمان تجار اپنے ماتحت پر کام کے بوجھ کو ہلکا کریں، ان کو بھی نماز اور روزوں کا موقع عنایت کریں، ان کی نیکیوں کے وہ بھی حصہ دار ہوں گے، رمضان کو گراں فروشی کا مہینہ نہ بنائیں مصنوعی قلت، ذخیرہ اندوزی کے ذریعہ مسلمان بھائیوں کا خون نہ چوسیں۔

***

رمضان کی سماجی و دعوتی تفہیم

محمد شہباز عالم مصباحی

اسلام اپنے ماننے والوں کو سماجی و معاشرتی بناتا ہے، انسانی سماج کی ترقی، بھلائی اور خیر خواہی سے ان کا تعلق جوڑتا ہے، ان میں سے ہر ایک کو صرف اپنی ترقی نہیں بلکہ دوسروں کے دکھ درد اور مصیبت و آفت میں ہاتھ بٹانے کا سلیقہ بھی سکھاتا ہے۔ اسلام ہی وہ واحد مذہب ہے جو غریبوں، مفلسوں، ناچاروں، محتاجوں، بیواؤں اور یتیموں وغیرہ کی زکوۃ، فطرہ، خیرات وصداقات کے ذریعہ نہ صرف امداد کرتا ہے بلکہ اپنے ماننے والوں کو پورے ایک مہینہ ماہ رمضان میں بھوکا اور پیاسا رکھ کر اس کا یقینی اور زمینی طور پر احساس بھی کراتا ہے تاکہ ایک امیر بھی بلبلاتے انسان کی بھوک اور تڑپتے آدمی کی پیاس کو محسوس کر سکے اور جب بھی کسی بھوکا یا پیاسا کو دیکھے تو برضا و رغبت اس کی امداد کرے اور بھوکے کو کھانا کھلا کر یا پیاسے کو پانی پلا کر اللہ کے نزدیک سرخرو بنے۔

اس کے علاوہ رمضان ہی سے اللہ کے بندوں کو غذاؤں کی قدر و قیمت بھی معلوم ہوتی ہے کہ یہ غذائیں جو اللہ تعالیٰ نے ہمارے لئے پیدا کی ہیں نہایت ہی عظیم اور قوت بخش نعمتیں ہیں، اگر وہ منعم حقیقی یہ غذائیں دنیا سے اٹھالے تو ہم ماہی بے آب کی طرح تڑپ تڑپ کر مر جائیں۔ اس سے بندوں کے اندر اللہ کے لئے شکر گزاری کا مادہ بھی پیدا

ہوتا ہے، کہ جو منعم حقیقی غذاؤں جیسی نعمتیں ہمیں دیتا ہے اس کا ضرور شکر ادا ہونا چاہئے۔ اس کے ساتھ روزے دار کو پانی جیسی بے نظیر نعمت کی اہمیت کا بھی بھرپور احساس ہوتا ہے۔ غریبی ختم کرو، اور پانی بچاؤ، کی اہمیت آج دنیا کے سامنے واضح ہوئی ہے لیکن اسلام نے اس قسم کی مہمیں تقریباً ساڑھے چودہ سو سال پہلے ہی چھیڑ رکھی ہیں اور عبادتوں میں ان مہموں کا رمز چھپا کر انہیں پائے دار بنایا ہے۔

اس کے علاوہ دیکھیں کہ محمد رسول اللہ ﷺ بہت ہی ہلکی پھلکی چیزوں سے روزہ افطار کیا کرتے تھے۔ حدیث میں ہے کہ حضور ﷺ اکثر اوقات کھجوروں سے افطار کیا کرتے تھے، اگر وہ میسر نہ ہوتیں تو پانی سے افطار فرمالیتے تھے۔ حضرت سلمان بن عامر سے روایت ہے کہ آن حضرت ﷺ نے ارشاد فرمایا: جب تم میں سے کوئی افطار کرے تو اسے چاہئے کہ کھجور سے کرے، کیونکہ اس میں برکت ہے۔ اگر کھجور میسر نہ ہو تو پانی سے، کیونکہ پانی پاک ہوتا ہے (الترمذی، باب الصدقۃ علی ذی القرابۃ)

اس میں بھی امت کو یہ تعلیم ہے کہ دن بھر بھوکے پیاسے رہ کر ایسا نہ کیا جائے کہ افطار کے وقت بہت زیادہ کھایا جائے تاکہ دن بھر کھایا پیا نہ تھا تو افطار کے وقت اس کی کسر نکال لی جائے۔ بلکہ افطار ہلکی پھلکی چیزوں ہی سے کیا جائے تاکہ روزہ روزہ ہی رہے۔ مطلب بھوک پیاس کا احساس باقی رہے تاکہ بندہ اس احساس کے سایے تلے نعمتوں کا شکر بجالاتا رہے، منعم حقیقی کی عبادت میں مصروف رہے، بھوکوں اور پیاسوں کا درد و کرب محسوس کرے اور انکی طرف دست تعاون بڑھائے۔

یہی وجہ ہے کہ آپ ﷺ رمضان المبارک میں سال کے باقی گیارہ مہینوں کی بہ نسبت زیادہ سے زیادہ صدقات و خیرات کیا کرتے تھے، اس مہینہ میں صدقات و خیرات میں اتنی کثرت ہوتی کہ ہوا کے تیز جھونکے بھی اس کا مقابلہ نہیں کرسکتے تھے۔ حضرت

عبد اللہ بن عباسؓ سے مروی ہے کہ: جب حضرت جبرئیل علیہ السلام آجاتے تو رسول اللہ ﷺ بھلائی کرنے میں تیز ہوا سے بھی زیادہ سخی ہو جاتے تھے۔(بخاری، کتاب الصوم باب اجود ماکان النبی ﷺ یکون فی رمضان)

مزید بر آں رمضان کے روزوں کا صدقہ فطر بھی نکالا جاتا ہے، صدقہ فطر کی مقدار دو کلو پینتالیس گرام گیہوں یا اس کی قیمت ہے، لیکن بہتر ہے کہ فطرہ میں قیمت ہی ادا کی جائے کیونکہ اس سے محتاجوں کو زیادہ فائدہ ہوتا ہے، صدقہ فطر ہر اس آزاد مسلمان مرد و عورت پر واجب ہے جس کے پاس اتنا مال ہو جو نصاب تک پہنچتا ہو، اصلی حاجت سے زائد اور قرض سے فارغ ہو اس میں مال کے مالک کا عاقل بالغ یا مال نامی ہونا شرط نہیں، یہی وجہ ہے کہ نابالغ یا مجنون اگر مالک نصاب ہیں تو ان پر صدقہ واجب ہے، ان کا ولی ان کے مال سے ادا کرے، اگر ولی نے ادا نہیں کیا اور نابالغ بالغ ہو گیا یا مجنون کا جنون جاتا رہا تو اب یہ کود ادا کریں، مالک نصاب مرد پر اپنے نابالغ بچوں کی طرف سے بھی صدقہ فطر واجب ہے۔

حدیث پاک میں ہے: رسول اللہ ﷺ نے صدقہ فطر متعین کیا ہے تاکہ وہ روزہ دار کے لئے بے ہودہ اور لغو باتوں سے پاکی کا ذریعہ ہو اور مساکین کے لئے غذا۔(سنن ابی داؤد، باب زکاۃ الفطر، ۱۱/۲)

اس کے ساتھ اسلام ایک جامع ترین مذہب ہے جس میں کرنے اور نہ کرنے کے کام پوری وضاحت کے ساتھ بتا دیے گئے ہیں، کرنے کے کاموں کا اوامر اور نہ کرنے کے کاموں کو نواہی کہا جاتا ہے، نواہی میں ایک مسلمان کو صرف یہ کرنا ہوتا ہے کہ وہ ان کاموں کو نہ کرے بلکہ ترک کر دے کہ ان کے ترک ہی میں اللہ تعالیٰ کی خوشنودی ہے، جبکہ اوامر کا معاملہ اس کے برعکس ہوتا ہے، اوامر کی بجا آوری کرنی ہوتی ہے، ان پر عمل

کرنا ہوتا ہے اور انہیں انجام دے کر اپنے رب کی خوشنودی حاصل کرنی ہوتی ہے۔ ظاہر ہے عمل کے لئے تربیت کی ضرورت ہوتی ہے اور تربیت کے دوران جن کی تربیت کی جاتی ہے انہیں انعامات اور اعزازات سے نوازا جانا ایک عمدہ و ترغیبی عمل ہے تا کہ تربیت لینے والے پوری خوشدلی سے ان کاموں کی تربیت لیں جو کہ مطلوب ہیں۔ آپ اس زاویہ نظر سے رمضان کو دیکھیں گے تو رمضان بھی ایک ماہ تربیت نظر آئے گا جس میں ہر سال مومنوں کو نفل کا ثواب فرض کے برابر، ایک فرض کا ثواب ستر فرائض کے برابر اور دوسرے نیک اعمال کا اجر عام دنوں کے مقابلے میں ستر گنا زیادہ کر کے اعمال صالحہ کی تربیت کرائی جاتی ہے تا کہ وہ پورے سال اس ربانی تربیت کے بعد اعمال صالحہ کو انجام دیتے رہیں۔

احادیث میں ہے: جس نے ایمان و احتساب کے ساتھ رمضان کے روزے رکھے اور راتوں کو قیام کیا وہ اس دن کی طرح گناہوں سے پاک ہو جاتا ہے جب کہ اسے اس کی ماں نے جنا ہو۔ (سنن نسائی، ۱۲۹/۳) جس نے رمضان میں دس دن کا اعتکاف کر لیا تو ایسا ہے جیسے دو حج اور دو عمرے کیے۔ (کنز العمال ۸،۵۳۰) جو ایمان و احتساب کے ساتھ شب قدر میں قیام کرے اس کے پچھلے گناہ معاف کر دیے جاتے ہیں۔ (صحیح البخاری) اور جس نے رمضان میں کسی روزے دار کو افطار کرایا تو یہ اس کے گناہوں کی مغفرت اور دوزخ سے آزادی کا ذریعہ ہے، اس کو روزہ دار کے برابر ثواب ملے گا اور روزے دار کے ثواب میں کوئی کمی نہ کی جائے گی، صحابہ کرام نے عرض کیا: یارسول اللہ! ہم میں سے ہر آدمی کو یہ وسعت نہیں کہ افطار کرائے، فرمایا اللہ تعالیٰ یہ ثواب اس شخص کو بھی عطا فرماتا ہے جو دودھ کے شربت، یا ایک کھجور، یا پیاس بجھانے کی مقدار پانی سے افطار کرائے۔ (شعب الایمان، باب فضائل شهر رمضان)

رمضان مبارک میں مسلمانوں کی دینی و سماجی ور فاہی و عملی تربیت سے آپ کے ذہن میں یہ بات بھی آنی چاہئے کہ مسلمان چوکہ ایک داعی قوم ہیں اور ان کے علاوہ دوسرے لوگ مدعو یعنی ہر فرد مسلم مسلمان ہونے کے ناطے حتی المقدور داعی بھی ہے، اس کا یہ دینی فریضہ ہے کہ وہ اپنی استطاعت بھر اپنے دین کی دعوت و تبلیغ کا بھی کام انجام دے ، کفار و مشرکین جن تک دین ہی نہیں پہنچا ہے ان تک نفس دین پہنچائے ، اور مسلمانوں میں جو بے عمل ہیں ان میں تبلیغ کا کام یہ ہے کہ ان کی عملی اصلاح کرے۔

اس تناظر میں ایک داعی کے لئے ضروری ہے کہ وہ خود ان تمام خوبیوں سے آراستہ ہو جن کی وہ دعوت دینا چاہتا ہے۔ اس لئے ہر سال رمضان آتا ہے اور مسلمانوں کو ایمان وایقان پر مضبوطی اور اعمال صالحہ کی تربیت دے کر دعوت کے لئے تیار کر جاتا ہے۔

***

رمضان ایثار اور غمخواری کا مہینہ

اسعد قاسمی سیکر

اسلام ایک امن و شانتی، ایثار و ہمدردی، اخوت و بھائی چارہ کا دین ہے، جو اس میں ایک دوسرے کے ساتھ محبت و رواداری کی تعلیم دیتا ہے۔ اسلام کی یہ تعلیم ہے کہ اگر معاشرہ میں کوئی پریشان غم زدہ اور دکھی ہے تو تمہاری ذمہ داری ہے کہ اس کے غم کو اپنا غم، اسکے دکھ کو اپنا دکھ سمجھو اور اس کے غم کو ہلکا کرنے کی کوشش کرو۔ اسلام اس بات کی قطعاً اجازت نہیں دیتا کہ آدمی خود کو تو عیش و عشرت کی زندگی گزارے اور اس کی بغل میں اس کا پڑوسی فاقے پر فاقے برداشت کرے۔ آدمی خود تو عمدہ عمدہ اور لذیذ پکوان کھائے اور اس کے پڑوسی کو دو وقت کا کھانا بھی میسر نہ ہو۔ خود تو بیش قیمت لباس زیب تن کرے لیکن پڑوسی کے پاس تن ڈھانپنے کے لئے دو کپڑے بھی میسر نہ ہو، خود تو محلوں اور عالیشان بنگلوں میں رہے لیکن پڑوسی کے پاس سر چھپانے کے لئے جھونپڑی بھی نہ ہو، خود کی بیوی تو ہیرے جواہرات سے آراستہ ہو اور پڑوسی کی بیوی کے پاس دو کپڑے بھی نہ ہوں۔ اسلام اس کی اجازت نہیں دیتا اور اگر کوئی مسلمان اایسا رویہ اختیار کرتا ہے تو وہ کامل درجے کا مسلمان نہیں۔ کیونکہ نبی کریم ﷺ نے بڑے صاف الفاظ میں فرمایا۔ مفہوم: وہ شخص۔۔۔۔ ایمان نہیں لایا جو ایسی حالت میں اپنا پیٹ بھر کے رات

ک (بے فکری سے) سو جائے کہ اس کے برابر رہنے والا اس کا پڑوسی بھوکا ہو اور اس آدمی کو اس کے بھوکے ہونے کی خبر بھی نہو (مسند احمد، بزار معجم کبیر للطبرانی) اس لئے اسلام کا حکم یہ ہے کہ جب خدا تعالیٰ نے آپ کو مال سے نوازا ہے اور اپنی نعمت عطا کی ہے تو پھر اس مال سے اللہ کی مخلوق کی خدمت کرو، اس کی ضروریات کی تکمیل کرو، اس مال سے جنت کماؤ۔

اللہ کے نزدیک سب سے محبوب انسان: اس لئے کہ اللہ کی مخلوق کی خدمت کرنا ، مسکینوں، یتیموں اور بیواؤں کی کفالت اور سرپرستی کرنا بلند ترین عمل ہے اور ایسا آدمی خدا تعالیٰ کو بے حد محبوب ہے۔ نبی کریم ﷺ نے ارشاد فرمایا: مفہوم: ساری مخلوق اللہ کی عیال ہے، بس اللہ کو اپنی ساری مخلوق میں سب سے زیادہ محبت ان بندوں سے ہے جو اس کو عیال (یعنی اس کی مخلوق) کے ساتھ احسان کریں۔ (بیہقی)

اللہ کے نزدیک پسندیدہ عبادتیں: اللہ کی مخلوق کی کفالت کرنا اور ان پر اپنا مال صرف کرنا اسی کا نام تو سخاوت ہے۔ اور یہ سخاوت اللہ رب العزت کو بے حد محبوب اور پسندیدہ ہے۔ چنانچہ نبی اکرم ﷺ نے ارشاد فرمایا: مفہوم: دو عادتیں اللہ کو پسند ہیں اور اسے دو عادتیں ناپسند ہیں۔ پس جو دو عادتیں پسند ہیں وہ سخاوت اور خوش اخلاقی ہیں اور ناپسندیدہ عادتیں بد خلقی اور کنجوسی ہے۔ چنانچہ جب اللہ تعالیٰ کسی بندے سے بھلائی کا ارادہ فرماتا ہے تو اسے لوگوں کی ضروریات پوری کرنے کے کام میں لگا دیتا ہے۔ (شعب الایمان) نیز سرکار دوعالمؐ نے ارشاد فرمایا کہ میری امت کے ابدال (نیک لوگ) اپنی نماز ، روزہ کی وجہ سے نہیں بلکہ اپنے دلوں کی صفائی اور صفت سخاوت کی وجہ سے جنت میں داخل ہوں گے۔ (ایضاً) کائنات کے سب سے بڑے سخی خدا تعالیٰ نے اپنے لاڈلے اور محبوب نبی اکرمؐ کو جملہ کمالات اور اوصاف حمیدہ سے سرفراز فرمایا، وہیں آپ کو سخاوت

بھی اعلیٰ درجہ کی عطا کی گئی تھی اور آپ سخاوت کے اعلیٰ ترین مقام رپ فائز تھے۔ حضرات صحابہ کرامؓ گواہی دیتے کہ نبی کریمؐ سب سے زیادہ جو دو سخاوت والے تھے۔ آپ نے کسی سائل کو کبھی محروم نہیں کیا، یہاں تک کہ آپ قرض لے لے کر ضرورت مندوں کی ضروریات پوری کیا کرتے تھے اور رمضان کے مبارک مہینے میں تو تیز رفتار ہوا کی طرح آپ سے صفت سخاوت کا ظہور ہوتا۔ چنانچہ ابن عباسؓ سے روایت ہے کہ نبی کریم ﷺ نفع پہنچانے میں لوگوں میں سب سے زیادہ سخی تھے اور رمضان میں جب جبرئیل علیہ السلام آپ سے ملتے تو اور بھی زیادہ سخی ہو جاتے تھے اور جبرئیلؑ آپ سے رمضان کی ہر رات میں ملتے تھے، یہاں تک کہ رمضان گزر جانا۔ جبرئیل علیہ السلام آپ کے سامنے قرآن پڑھتے تھے۔ جب جبرئیلؑ آپ سے ملتے تھے تو چلتی ہوا سے بھی زیادہ آپ ﷺ سخی ہو جاتے تھے۔ (بخاری شریف)

رمضان المبارک کی ایک خاص خصوصیت : شارع علیہ السلام نے اس مقدس اور مبارک مہینے کی اپنی صداقت والی زبان سے متعدد فضٰلتیں ارشاد فرمائیں۔ منجملہ ان کے اس کی ایک خصوصیت یہ ارشاد فرمایا کہ یہ مہینہ لوگوں کے ساتھ غمخواری کرنے کا ہے۔ (ابن خزینہ) حضرت شیخ الحدیثؒ حضرت سلمان فارسیؓ کی طویل روایت کے اس جزو کی تشریح کرتے ہوئے رقمطراز ہیں کہ یہ غمخواری کا مہینہ ہے یعنی غرباء مساکین کے ساتھ مدارات کا برتاؤ کرنا اگر دس چیزیں اپنی افطار کے لئے تیار کی ہیں تو دو چار غرباء کے لئے بھی کم از کم ہونی چاہئیں، ورنہ اصل تو یہ تھا کہ ان کے لئے اپنے سے افضل نہ ہوتا تو مساوات ہی ہوتی۔ غرض جس قدر بھی ہمت ہو سکے اپنے افطار و سحر کے کھانے میں غرباء کا حصہ بھی ضرور لگانا چاہئے۔ (فضائل رمضان)

روزہ افطار کرانے کی فضٰلت : اسی طرح حضور ﷺ نے روزہ افطار کرانے کے بھی

بڑے فضائل ارشاد فرمائے۔ چنانچہ زبن ابن خالد روایت کرتے ہیں کہ حضور ﷺ نے ارشاد فرمایا: مفہوم: جس نے کسی روزہ دار کو روزہ افطار کرایا یا کسی غازی کا سامان تیار کیا تو اس کو ویسا ہی ثواب ملتا ہے جیسا کہ اس (روزہ دار یا غازی) کو۔ (بیہقی) الغرض اس مقدس مہینہ میں اللہ کے دیے ہوئے اس مال سے غریب، مسکین، یتیم اور بیواؤں نیز ضرورت مندوں کی خوب مدد کرنی چاہئے اور تلاش کر کے ان کا بھرپور تعاون کرنا چاہئے۔ خصوصاً جب اپنے اور اپنے اہل و عیال کے لئے ضروریات کا سامان خریدیں تو محلے کے غریب اور مسکین لوگوں کا حصہ ضرور لگالیں اور خفیہ طریقے سے ان کے یہاں پہنچا دیں تاکہ وہ بھی فراغت کے ساتھ اس ماہ مبارک کی سعادت سے بہرہ ور ہو سکیں اور چین و سکون کے ساتھ رمضان گزار سکیں۔

***

رمضان اور قرآن

محمد عبدالعزیز سہیل

ماہ رمضان نیکیاں کمانے کا موسم ہے۔

اس ماہ کی خصوصی عبادت روزہ ہے۔ جس کے ذریعے اللہ کا ڈر پیدا ہوتا ہے جسے تقویٰ کہتے ہیں۔ ماہ رمضان قرآن شریف کے نزول کا مہینہ ہے۔ اس لئے اس ماہ کو قرآن سے خاص نسبت ہے۔ یہی وجہ ہے کہ ماہ رمضان میں تراویح میں قرآن پڑھا جاتا ہے۔ رمضان اور قرآن کا آپس میں بہت ہی گہرا اور مضبوط ربط و تعلق ہے، کیونکہ رمضان "شہر القرآن" ہے۔ یہ وہ مہینہ ہے جس میں قرآن مجید کا نزول شروع ہوا۔ اس سے متعلق قرآن مجید میں فرمایا گیا۔

شهر رمضان الذي أنزل فيه القرآن هدى للناس وبينات من الهدى والفرقان

"رمضان وہ مہینہ ہے جس میں قرآن نازل کیا گیا ہے جو انسانوں کے لیے سراسر ہدایت ہے اور ایسی واضح تعلیمات پر مشتمل ہے جو راہ راست دکھانے والی اور حق و باطل کا فرق کھول کر رکھ دینے والی ہیں"

(البقرہ:۱۸۵)

لہذا ماہ رمضان قرآن مجید کا مہینہ ہے۔ یہ وہ مہینہ ہے جس میں روزوں کا حکم دیا گیا

تا کہ ہمارے اندر روزوں کے ذریعہ تقویٰ کی صفت پیدا ہو (تقویٰ بہ معنیٰ۔ پرہیز گاری، خدا کا خوف کرنا) یہ تربیت کا مہینہ ہے۔ یہ نیکیوں کا مہینہ ہے۔ برائیوں سے بچنے کا مہینہ ہے۔ یہ صبر کا مہینہ ہے۔

رمضان کے روزے فرض ہیں روزے پچھلی امتوں پر بھی فرض تھے۔ روزرں کے ذریعہ تقویٰ پیدا ہوتا ہے روزوں کے ذریعہ خدا کا خوف اور انسان کے اندر فکرِ آخرت کا خیال پیدا ہوتا ہے۔ رمضان کے روزے اس لیے فرض ہیں کہ قرآن مجید رمضان میں ہی نازل ہوا ہے۔ قرآن مجید تمام انسانوں کی ہدایت اور رہنمائی کیلئے نازل کیا گیا ہے۔

خرم مراد رحمۃ اللہ لکھتے ہیں:

"چند دن کی بات ہے، ایک دفعہ پھر رمضان کا مہینہ ہمارے اوپر سایہ فگن ہوگا، اور اس کی رحمتوں کی بارش ہماری زندگیوں کو سیراب کرنے کے لیے برس رہی ہوگی۔ اس مہینے کی عظمت و برکت کا کیا ٹھکانا جسے خود نبی کریم صلی اللہ علیہ وسلم نے شہر عظیم اور شہر مبارک کہا ہو! یعنی بڑی عظمت والا مہینہ اور بڑی برکت والا مہینہ! نہ ہم اس ماہ کی عظمت کی بلندیوں کا تصور کر سکتے ہیں، نہ ہماری زبان اس کی ساری برکتیں بیان کر سکتی ہے۔ رمضان المبارک عظیم کیوں؟ اس ماہ کے دامن میں وہ بیش بہا رات ہے کہ اس ایک رات میں ہزاروں مہینوں سے بڑھ کر خیر و برکت کے خزانے لٹائے گئے اور لٹائے جاتے ہیں۔ وہ مبارک رات جس میں ہمارے رب نے اپنی سب سے بڑی رحمت ہمارے اوپر نازل فرمائی:

اِنا اَنزلناہ فی لیلۃ مبارکۃ

ہم نے اسے (کتابِ مبین کو) برکت والی رات میں اتارا

(الدخان ۴۴:۳)

یہ کتاب مبین کیا ہے؟ تمہارے رب کی طرف سے رحمت ہی رحمت۔ لیکن سچ پوچھیے تو اس ماہ کا ہر روز روزِ سعید ہے اور اس ماہ کی ہر شب شب مبارک"۔

"قرآن کا مطلوبہ انسان" میں مولانا وحید الدین خاں نے قرآن اور نماز سے متعلق کیا خوب لکھا ہے۔

"اسی نے دراصل خدا کو پایا ہے جس نے قرآن اور نماز کو پایا ہے۔ یہ دونوں چیزیں اگر آپ کی زندگی میں شامل ہو گئی ہوں تو سمجھئے کے ایمان اور اسلام آپ کی زندگی میں شامل ہو گیا ہے اگر آپ کی زندگی ان سے خالی ہے تو اس کے معنی یہ ہیں کہ ابھی تک ایمان اور اسلام سے محروم ہے"

یہ دونوں چیزوں کی بنیادی اہمیت خود قرآن سے ثابت ہے

والذین یمسکون بالکتاب وأقاموا الصلاۃ إنالا نضیع أجرا لمصلحین

جو لوگ خدا کی کتاب کو مضبوط پکڑ لیتے ہیں اور نماز قائم کرتے ہیں ہم ایسے مصلحین کا اجر ضائع نہیں کریں گے (الاعراف: ۱۷۰)

ماہ رمضان کی ہر گھڑی میں فیض وبرکت کا اتنا خزانہ پوشیدہ ہے کہ نفل اعمالِ صالحہ فرض اعمالِ صالحہ کے درجے کو پہنچ جاتے ہیں، اور فرائض ستّر گنا زیادہ وزنی اور بلند ہو جاتے ہیں (بحوالہ: بیہقی، بہ روایت سلمان الفارسیؓ)

آپ صلی اللہ علیہ وسلم کا حال مبارک اس ماہ (رمضان) میں بہ نسبت دیگر مہینوں کے مختلف ہوتا تھا، آپ صلی اللہ علیہ وسلم اس ماہ میں صدقہ واحسان و تلاوت قرآن وصلاۃ ودعاء واستغفار و تسبیح وذکر واعتکاف وغیرہ عبادات وطاعات میں انتہاء درجہ کا مجاہدہ فرماتے تھے۔ لہذا ہمیں بھی چاہیے کہ اللہ کے رسول صلی اللہ علیہ وسلم کی سیرت کو بطور نمونہ بنا کر اس مقدس ماہ میں زیادہ سے زیادہ قرآن کی تلاوت میں وقت صرف کریں،

کیونکہ اسی ماہ مبارک میں یہ کلام عظیم نازل ہوا، اور یہی ہماری نجات کا ذریعہ بھی ہے۔ زیادہ سے زیادہ نوافل کا اہتمام کریں۔ روازنہ نماز تراویح کی پابندی کی جائے۔ خیر کے کاموں میں ذوق و شوق سے حصہ لیا جائے۔ برائیوں سے خود بھی بچیں اور دوسروں کو بھی تاکید کریں۔ زیادہ سے زیادہ مال اللہ کی راہ میں خرچ کریں تہجد کی نماز کا اہتمام کریں ذکر واذکار کرتے رہیں۔۔۔

وہ معزز تھے زمانے میں مسلماں ہو کر
اور ہم خوار ہوئے تاریک قرآں ہو کر

ہم کو غور کرنا چاہیے کہ آج ہماری کیا حالت ہے؟ ہم میں اکثر لوگوں کو تو رمضان کی اہمیت و فضیلت کا ہی پتہ نہیں، اور رمضان کے لیئے ہم نے تو کوئی معمول سوچا ہی نہیں ہے، کہ رمضان میں قرآن کے ترجمہ کے ساتھ کتنے دور ختم کرنے ہیں، کیا کیا معمولات رکھنے ہیں؟ کیا اہداف ہم کو بنانے ہیں کہ ماہ رمضان سے اپنے حاجات و مصروفیات کو کم کر کے کس طرح رمضان گذارنا ہے؟ یہ وہ سوال ہے جس کا تعلق ہماری منصوبہ بندی سے ہے۔ اگر ہم نے اچھی منصوبہ بندی کی اور روزانہ بستر پر لیٹنے سے قبل دن بھر کے کاموں کا جائزہ لیا اور دیکھا کہ ہم نے اپنے اہداف کو کہاں تک حاصل کیا ہے تو کوئی مشکل نہیں کہ ہم رمضان کی حکمت و برکتوں سے خاطر خواہ استفادہ نہ کر سکیں۔

اللہ تعالی ہم سب کو رمضان کے بیش قیمت اوقات وساعات کی قدر کرنے کی توفیق عطا فرمائے، آمین۔

* * *

ہماری زندگی میں روزوں کی اہمیت

مولانا ندیم الواجدی

رمضان المبارک میں سب سے اہم اور بڑی عبادت روزہ ہے۔ اس کا شمار ان عبادات میں کیا جاتا ہے جن کو اسلام کی بنیاد اور ستون قرار دیا گیا ہے۔ یہ بدنی عبادت ہے اور فرض عین ہے۔ فرض عین کا مطلب یہ ہوتا ہے کہ ہر مکلف شخص اس کی ادائیگی کا پابند ہے، ایسا نہیں ہے کہ کچھ لوگ ادا کریں تو باقی لوگوں کے ذمے سے ادائیگی ساقط ہو جائے گی، رمضان المبارک کے تمام روزے رکھنا ہر مسلمان مرد، عورت، عاقل بالغ پر فرض ہے اس کا انکار کرنے والا مسلمان نہیں ہے اور کسی شرعی عذر اور مجبوری کے بغیر روزے چھوڑنے والا سخت گنہ گار ہے

(عمدۃ الفقہ ۳/۱۲۳)

روزہ صرف امت محمدیہ پر ہی فرض نہیں ہوا بلکہ اسلام سے پہلے بھی دوسری امتوں پر فرض تھا جیسا کہ قرآن کریم میں ہے:

"اے ایمان والو! تم پر روزہ فرض کیا گیا ہے جس طرح تم سے پہلے لوگوں پر فرض کیا گیا تھا تاکہ تم متقی بن جاؤ"۔

(البقرۃ:۱۸۳)

اس آیت میں دو باتیں بیان کی گئی ہیں ایک تو یہ کہ روزہ کوئی نئی عبادت نہیں ہے، بلکہ گذشتہ امتوں پر بھی یہ عبادت فرض تھی، دوسری بات یہ کہ روزہ کا مقصد محض بھوکا پیاسا رہنا نہیں ہے، بلکہ تقوی حاصل کرنا ہے، یہ آیت روزے کی فرضیت اور اہمیت کے سلسلے میں بنیادی اہمیت کی حامل ہے، اس میں روزے کے اصل مقصد کو بھی واضح کیا گیا ہے اور روزہ داروں کی اس طرح دلجوئی بھی کی گئی ہے کہ روزہ اگرچہ مشقت کی چیز ہے مگر یہ مشقت تم سے پہلے بھی لوگ اٹھاتے رہے ہیں۔

علامہ آلوسی نے روح المعانی میں لکھا ہے کہ طبعی بات ہے کہ اگر کسی مشقت میں بہت سے لوگ مبتلا ہوں تو وہ ہلکی معلوم ہونے لگتی ہے، اس آیت میں کسی مخصوص قوم یا امت کا نام نہیں لیا گیا بلکہ "الذین من قبلکم" فرما کر یہ واضح کیا گیا کہ اس میں حضرت آدم علیہ السلام سے لے کر خاتم الانبیاء حضرت محمد مصطفی صلی اللہ علیہ وسلم تک تمام انبیاء کی امتیں شامل ہیں۔

علامہ سید سلمان ندویؒ نے سیرۃ النبی جلد پنجم میں لکھا ہے:

"قرآن پاک نے ان آیتوں میں تصریح کی ہے کہ روزہ اسلام کے ساتھ مخصوص نہیں، بلکہ اسلام سے پہلے بھی وہ کل مذاہب کے مجموعہ احکام کا جزر رہا ہے، جاہل عرب کا پیغمبر امی صلی اللہ تعالیٰ علیہ وسلم جو بہ قول مخالفین عالم کی تاریخ سے ناواقف تھا وہ مدعی ہے کہ دنیا کے تمام مذاہب میں روزہ فرض عبادت رہا ہے، اگر یہ دعوی تمام ترجحت پر مبنی ہے تو اس کے علم کے مافوق ذرائع میں کیا شک رہ جاتا ہے، اس دعوی کی تصدیق میں یورپ کے محقق ترین ماخذ کا اہم حوالہ دیتے ہیں، انسائیکلوپیڈیا برٹانیکا کا مضمون نگار روزہ (Fasting) کے عنوان پر لکھتا ہے کہ روزہ کے اصول اور طریقے گو آب وہوا، قومیت، تہذیب اور گردو پیش کے حالات سے اختلاف سے بہت کچھ مختلف ہیں لیکن بہ مشکل کسی

ایسے مذہب کا ہم نام لے سکتے ہیں جس کے مذہبی نظام میں روزہ مطلقاً تسلیم نہ کیا گیا ہو۔
(سیرۃ النبی ۱۴۹/۵)

اس آیت کا دوسرا جز روزہ کے مقصد پر روشنی ڈالتا ہے یعنی روزہ تم پر اس لئے فرض کیا گیا ہے تا کہ تم متقی بن جاؤ، گویا روزہ محض کھانا پینا چھوڑنے کا نام نہیں ہے یہ تو اس کی علامتی شکل ہے، مقصد تو یہ ہے کہ خدا کی رضا اور اس کی خوشنودی کیلئے سب کچھ قربان کر دینے کا جذبہ بندے کے دل میں پیا ہو جائے، روزہ کی حقیقی روح یہی ہے، کھانے پینے اور خواہشات نفس سے رکنے کو روزہ اس لئے قرار دیا گیا کہ دنیا کی تمام لذتیں معدے اور نفسانی جذبات کے ارد گرد گھومتی ہیں، روزے سے ان دونوں پر کنٹرول کرنے کی عملی تربیت حاصل ہوتی ہے، یہ حقیقت ہے کہ تنہا یہ عبادت ایسی ہے جس کا کسی دوسرے کو علم نہیں ہوتا، صرف خدا کا خوف ہی روزہ دار کو ان دونوں خواہشوں پر قابو پانے کی طاقت عطا کرتا ہے۔

امام غزالیؒ نے روزے کے مقصد پر روشنی ڈالتے ہوئے لکھا ہے کہ:

"علمائے آخرت روزے کا مقصد یہ سمجھتے ہیں کہ روزہ دار میں اللہ تعالیٰ کی صفت صمدیت (بھوک اور پیاس کا نہ ہونا) کا ظہور ہو، اور شہوت نہ ہونے میں اس کی مشابہت فرشتوں سے ہو، لیکن کیونکہ انسان نہ تو محض چوپایا ہے کہ اچھے برے کی تمیز نہ کرسکے، بلکہ وہ اپنے نور عقل سے شہوتوں کا قلع قمع کرنے پر قادر ہے اور نہ فرشتہ ہے کہ اس پر شہوتوں کا غلبہ نہ ہو، انسان ہونے کی حیثیت سے اس پر شہوتیں غالب ہیں اور اسے یہ حکم دیا گیا ہے کہ وہ عمر بھر ان شہوتوں کے خلاف مجاہدہ کرتا رہے، چنانچہ اگر شہوت کے مقابلے میں ناکام رہتا ہے تو اسفل السافلین میں چلا جاتا ہے اور جانوروں کے زمرے میں اس کا شمار ہوتا ہے، اور اگر اشہوات کے مقابلہ میں فتح یاب رہتا ہے تو اعلا علیین میں

جگہ ملتی ہے اور فرشتوں کے زمرے میں شمار کیا جاتا ہے۔

(احیاء العلوم:۱/۴۱۰)

علامہ ابن القیمؒ نے روزے کے مقاصد کی وضاحت کرتے ہوئے لکھا ہے:

"روزے سے مقصود یہ ہے کہ نفس انسانی خواہشات اور عادات کے شکنجے سے آزاد ہو جائے، اس کی شہوانی قوتوں میں اعتدال اور توازن پیدا ہو، اور اس کے ذریعے سے وہ سعادت ابدی کے گوہر مقصود تک رسائی حاصل کر سکے اور حیات ابدی کے حصول کیلئے اپنے نفس کا تزکیہ کر کے بھوک اور پیاس پر قابو پانے سے اس کی ہوس کی تیزی اور شہوت کی شدت میں تخفیف پیدا ہو، اور اسے یہ بات یاد آئے کہ کتنے ہی اللہ کے نادار بندے ایسے ہیں جو ایک وقت کی روٹی کے بھی محتاج ہیں، اصل روزہ یہ ہے کہ وہ شیطان کی آمد کے تمام راستے بند کر دے اور اعضاء و جوارح کو ان چیزوں کی طرف مائل ہونے سے روک دے جن میں دنیا و آخرت دونوں کا نقصان ہے اس لحاظ سے روزہ اہل تقوی کی لگام، مجاہدین کی ڈھال اور مقربین کی ریاضت ہے، روزہ جوارح ظاہری اور قوائے باطنی کی حفاظت میں بڑی تاثیر رکھا ہے۔

(زادالمعاد:۱/۱۵۲)

***

روزہ اور تربیت نفس

محمد ہاشم قادری مصباحی

روزہ کے مقاصد اور حکمتیں:

قرآن مجید سے یہ واضح ہوتا ہے کہ روزے کے تین بنیادی مقاصد ہیں(۱) تقوی یعنی خوف خدا رکھنا(۲) اللہ کی ہدایت پر اس کی عظمت کا اظہار(۳) اللہ کی نعمت پر اس کا شکریہ ادا کرنا۔ ارشاد ربانی ہے: اے ایمان والو! تم پر روزے فرض کئے گئے ہیں جس طرح تم سے پہلے انبیاء کے پیروؤں پر فرض کئے گئے تھے تاکہ تم پرہیز گار بن جاؤ۔(القرآن ۲، آیت ۱۸۵) تمام حلال چیزیں اپنے رب کے حکم سے چھوڑ دیں تو اب جو حرام ہیں ان کو بھی ترک کر دو اور سال کے باقی گیارہ مہینے بھی اللہ سے ڈر کے رہو اور روزہ کے دنوں کی طرح پوری زندگی گزارو۔ روزہ کے دوسرے مقصد کا ذکر قرآن کریم میں یہ بیان کیا گیا ہے: قرآن پاک کو رمضان سے اور رمضان المبارک کو قرآن سے ایک خصوصی مناسبت اور گہرا تعلق ہے۔ یہ وہ مبارک مہینہ ہے جس میں انسانی ہدایت کے لئے قرآن کا نزول ہوا۔ ارشاد باری تعالیٰ ہے: رمضان کا مہینہ وہ ہے جس میں قرآن اترا لوگوں کی ہدایت اور رہنمائی کے لئے اس میں فیصلہ کی روشن باتیں ہیں۔ حضور اکرم ﷺ رمضان میں تلاوت کا خصوصی اہتمام فرماتے۔ حضرت عبد اللہ بن عباسؓ سے

روایت ہے کہ رمضان کی ہر رات میں حضرت جبرئیلؑ آپ کے پاس آتے اور قرآن مجید کا ورد کرتے۔ روزہ کا تیسرا مقصد یہ ہے کہ بندہ اللہ کے حضور گڑ گڑا کر اپنی خطاؤں سے معافی طلب کرے، خوف خدا اس کے دل میں بس جائے۔

ماہ رمضان قبولیت دعا کا حسین وقت ہے۔ اس ماہ میں دعاؤں کی کثرت کیجئے۔ پیارے آقا نے ارشاد فرمایا کہ خدا رمضان میں عرش اٹھانے والے فرشتوں کو حکم دیتا ہے کہ اپنی عبادتیں چھوڑ دو اور روزہ رکھنے والوں کی دعاؤں پر آمین کہو۔ کتنی بڑی نعمت کا اعلان اس حدیث پاک سے معلوم ہوا۔ قرآن پاک میں بھی ارشاد ہے۔ خدا کی رحمت بہت وسیع ہے کسی کے گناہ کتنے ہی زیادہ ہوں بندہ جب اللہ کی بارگاہ میں شرمسار ہو کر گڑ گڑاتا ہے تو مولائے رحیم اسے اپنے دامن عفو میں چھپالیتا ہے۔ ارشاد ربانی ہے:

وَاسْتَغْفِرُوا رَبَّكُمْ ثُمَّ تُوبُوا إِلَيْهِ ۔ إِنَّ رَبِّي رَحِيمٌ وَدُودٌ۔

ترجمہ: اپنے پروردگار سے مغفرت چاہو اور اس کی طرف پلٹ جاؤ۔ یقیناً میرا رب بڑا ہی رحم فرمانے والا اور محبت فرمانے والا ہے۔ (القرآن، سورہ ہود، آیت ۹)

روزہ کی اصل روح:

روزے کے شرعی مقاصد میں یہ بات داخل ہے کہ انسان کو بھوک اور پیاس کی حالت میں رکھ کر اسے صبر و تحمل کا عادی بنایا جائے۔ کوئی آپ کی تحقیر و تذلیل کرے تو آپ صبر و تحمل سے کام لے کر نظر انداز کر دیجئے۔ نبی کریم ﷺ کا ارشاد گرامی ہے: تم میں سے جب کوئی روزے سے ہو تو اپنی زبان سے بے شرمی کی بات نہ نکالے اور نہ شور و ہنگامہ کرے اور اگر کوئی اسے گالم گلوچ کرے یا لڑنے پر آمادہ ہو تو اس روزہ دار کو سوچنا چاہئے کہ میں تو روزہ دار ہوں، میں کیسے گالم گلوچ اور لڑائی کر سکتا ہوں۔ (بخاری) روزہ رکھ کر اپنے اندر اخلاق و کردار کی تعمیر کرے۔ آدمی وہ کام کرے جس سے اخلاق

سدھریں۔ جذبات و خواہشات پر قابو رکھے، خوف خدا کے ساتھ اپنے اندر تقویٰ پیدا کرے جو اصل روزے کی روح ہے۔ اسی لئے حدیثپاک میں فرمایا گیا کہ روزہ رکھنا، کھانا پینا چھوڑنے کا نام نہیں بلکہ روزہ تو یہ ہے کہ روزہ دار لغو اور برے کاموں سے بھی اجتناب کرے۔ (السنن الکبری البیہقی، ج۴، ص:۲۷۰) تقوی پر عمل کی قبولیت کا مدار ہے۔

قرآن کریم میں ہے:

اِنَّمَا یَتَقَبَّلُ اللّٰہُ مِنَ الْمُتَّقِیْنَ

ترجمہ: اللہ متقیوں کا ہی عمل قبول فرماتا ہے۔ (القرآن، سورہ المائدہ، آیت ۲۷)

تقویٰ (خوف خدا) بہت ہی اونچی اور اعلیٰ صفت ہے۔ بلکہ تمام خوبیوں کی روح تقویٰ ہے۔ جس کو یہ اعلی ترین صفت میسر ہے اس کے لئے دنیا و آخرت کی بے شمار نعمتوں کی خوشخبری سنائی دگئی ہے۔ قرآن کریم میں ہے:

اِنَّ لِلْمُتَّقِیْنَ عِنْدَ رَبِّھِمْ جَنّٰتِ النَّعِیْمِ۔

ترجمہ: بے شک متقیوں کے لئے ان کے رب کے یہاں نعمتوں سے لبریز جنتیں ہیں۔ یہی نہیں بلکہ ان سے دنیامیں بھی آسمان وزمین کی برکتوں کا وعدہ کیا گیا ہے۔

وَلَوْ اَنَّ اَھْلَ الْقُرٰی آمَنُوْا وَاتَّقَوْا لَفَتَحْنَا عَلَیْھِمْ بَرَکٰتٍ مِّنَ السَّمَاءِ وَالْاَرْضِ۔

ترجمہ: اگر بستیوں کے لوگ ایمان لاتے اور تقویٰ کی روش اختیار کرتے تو ضرور ہم ان پر زمین و آسمان کی برکتوں کے دروزے کھول دیتے۔ اللہ تعالیٰ نے اپنے مومن بندوں کو تقویٰ کا حکم فرمایا اور اس امت سے پہلے لوگوں کو بھی تاکید فرمائی۔ ارشاد باری ہے:

وَلَقَدْ وَصَّیْنَا الَّذِیْنَ اُوْتُوا الْکِتَابَ مِنْ قَبْلِکُمْ وَاِیَّاکُمْ اَنِ اتَّقُوا اللّٰہَ۔

ترجمہ: یقیناً جنہیں تم سے پہلے کتاب دی گئی انہیں اور تم کو ہم نے تاکید فرمادی ہے

کہ اللہ سے ڈرتے رہو۔

اِنَّ اللّٰہَ یُحِبُّ الْمُتَّقِیْنَ

یقیناً اللہ تعالیٰ پرہیز گاروں کو دوست رکھتا ہے۔

خوف خدا رکھنے والوں کو اللہ تعالی جنت کے باغات میں داخل فرمائے گا۔

اِنَّ الْمُتَّقِیْنَ فِیْ جَنّٰتٍ وَّ عُیُوْنٍ۔

ترجمہ: یقیناً اللہ سے ڈرنے والے باغوں اور چشموں میں ہوں گے۔

اللہ نے تقویٰ کا کثیر آیات مبارکہ میں ذکر فرمایا ہے، جو اس کی فضیلت و شرف کی دلیل ہے۔ اس دنیا اور آخرت میں فضیلت و کامیابی کا معیار تقویٰ کو بنایا۔ کسی خاندان میں پیدا ہونا، کسی ملک کا باشندہ ہونا اور خوبصورت ہونا ان چیزوں کو اسلام نے وجہ افتخار نہیں قرار دیا۔ حضرت عبد اللہ بن مسعودؓ فرماتے ہیں:

و تقو اللہ حق تقاتہ

اللہ سے ڈرو جیسا کہ اس سے ڈرنے کا حق ہے۔

اور اس سے ڈرنے کا حق یہ ہے کہ اس کی فرمانبرداری کی جائے، نافرمانی سے بچا جائے، اس کا ذکر کیا جائے، اس کو بھلایا نہ جائے اور اس کا شکر ادا کیا جائے، ناشکری نہ کی جائے۔ یہی بنیادی مقصد روزوں کا ہے کہ بندہ اللہ سے خوف رکھے اور اسی خوف کی بنیاد پر تمام دنیاوی معاملات و عبادات پر عمل پیرا ہو۔

***

رمضان میں سحر و افطار کی فضیلت

عظیم اللہ صدیقی

رمضان اسلامی کیلنڈر کا، نواں مہینہ ہے، اس مہینے میں ایک ساتھ کئی اہم عبادتیں ہیں، اگرچہ ان میں سے سب سے اہم روزہ ہے، لیکن روزہ کے علاوہ تراویح، تلاوت قرآن، اعتکاف، شب قدر، سحری و افطار ہر ایک الگ الگ عبادتیں ہیں اور سب کی اپنی اپنی اہمیت و فضیلت ہے، اور ان تمام پر مکمل عمل کرنے سے ہی رمضان کی برکت حاصل ہوتی ہے۔

یہ بہت ہی دلچسپ حقیقت ہے کہ رمضان کا صرف دینی پہلو نہیں ہے بلکہ اس کا سماجی پہلو بھی ہے، اگر ذکر، تلاوت، استغفار، جنت کی طلب، دوزخ سے پناہ، محدود وقت تک کھانے، پینے اور فطری ازدواجی تعلق سے رکنا، تراویح، قرآن شریف سننا سنانا اور پھر آخر عشرہ میں اعتکاف جیسے اعمال و اشغال اس کے دینی پہلو ہیں، تو سحری و افطار کرانا، گالی گلوج، غیبت سے پرہیز، صدقہ، خیرات، ضرورت مندوں کا خیال، ماتحتوں کے ساتھ بہتر سلوک اور آسانیاں فراہم کرنا جیسے اعمال اس کے اہم سماجی پہلو ہیں۔

انہیں میں سے سحر و افطار ایسے اعمال ہیں جو دینی حیثیت کے اعتبار سے باعث برکت ہیں تو ان کا ایک پہلو یہ بھی ہے کہ ان میں خود کے علاوہ دوسروں کو بھی شریک کیا

جائے اور ثواب دارین حاصل کیا جائے، ذیل میں ان ۲ اہم عبادتوں پر احادیث کریمہ کے حوالہ سے روشنی ڈالی جارہی ہے۔

سحری کی فضیلت:

حضرت انس رضی اللہ عنہ سے روایت ہے کہ رسول اللہ صلی اللہ علیہ وسلم نے ارشاد فرمایا:

سحری کھایا کرو کیونکہ سحری میں برکت ہے۔ (صحیح بخاری و مسلم)

سحری میں برکت کا ظاہر تو یہ ہے کہ اس کی وجہ سے روزہ دار کو تقویت حاصل ہوتی ہے اور دوسرا ایمانی اور دینی پہلو یہ ہے کہ اگر سحری کھانے کا رواج نہ رہے یا امت کے ارکابر اور خواص سحری نہ کھائیں تو اس کا خطرہ ہے کہ عوام اسی کو شریعت کا حکم یا کم از کم بہتر سمجھنے لگیں اور اس طرح شریعت کے مقررہ حدود میں فرق پڑ جائے۔

(حجۃ البالغہ)

مسند احمد میں حضرت ابو سعید خدری رضی اللہ عنہ کی روایت سے آپ صلی اللہ علیہ وسلم کا یہ ارشاد مروی ہے کہ

السحور کلہ برکۃ فلا تدعوہ، ولو أن یجرع أحدکم جرعۃ من ماء، فإن اللہ عز وجل وملائکتہ یصلون علی المستحرین

سحری میں برکت ہے اسے ہرگز نہ چھوڑو، کیوں کہ سحری میں کھانے پینے والوں پر اللہ تعالیٰ رحمت فرماتا ہے، اور فرشتے ان کیلئے دعائے خیر کرتے ہیں۔

دوسری بات یہ ہے کہ روزہ دیگر امتوں پر فرض تھا، مگر اہل کتاب کے پہلا سحری کا ثبوت نہیں ملتا ہے، اس فرق کو ظاہر کرنے کیلئے بھی سحری کھانا مستحب قرار دیا گیا ہے، حضرت عمرو بن العاص رضی اللہ عنہ سے روایت ہے کہ رسول اللہ نے فرمایا کہ:

ہمارے اور اہل کتاب کے روزوں کے درمیان فرق کرنے والی چیز سحری کھانا ہے۔
(صحیح مسلم)۔

سحری کا سنت وقت:

عن أنس بن مالک عن زید بن ثابت قال: تسحرنا مع النبي صلی اللہ علیہ وسلم ثم قام إلی الصلاۃ، قلت: کم کان بین الأذان والسحور؟ قال: قدر خمسین آیۃ

حضرت انسؓ، زید بن ثابتؓ سے روایت کرتے ہیں کہ انہوں نے بیان کیا کہ ہم نے رسول اللہ صلی اللہ علیہ وسلم کے ساتھ سحری کھائی اور پھر جلد ہی آپ فجر کی نماز کیلئے کھڑے ہو گئے، حضرت انسؓ کہتے ہیں کہ میں نے ان سے دریافت کیا کہ سحری کھانے اور فجر کی اذان کے درمیان کتنا وقفہ رہا ہو گا، انہوں نے فرمایا، پچاس آیتوں کی تلاوت کے بقدر۔ (متفق علیہ)

صحت مخارج اور قواعد کے لحاظ سے پچاس آیتوں کی تلاوت میں پانچ منٹ سے کم وقت صرف ہوتا ہے، اس بنا پر کہا جا سکتا ہے کہ رسول اللہ صلی اللہ علیہ وسلم کی سحری اور اذان کے درمیان صرف چار پانچ منٹ کا فصل تھا (معارف الحدیث جلد چہارم)۔

ترمذی میں حضرت ابو ہریرہ رضی اللہ عنہ کی روایت ہے کہ رسول اللہ صلی اللہ علیہ وسلم نے فرمایا کہ:

اللہ تعالیٰ کا ارشاد ہے کہ اپنے بندوں میں مجھے وہ بندہ زیادہ محبوب ہے جو روزہ کے افطار میں جلدی کرے (یعنی غروب آفتاب کے بعد بالکل دیر نہ کرے)۔

اسی طرح بخاری شریف میں حضرت سہل بن سعد سے روایت ہے کہ رسول اللہ صلی اللہ علیہ وسلم نے فرمایا کہ جب تک میری امت کے لوگ افطار میں جلد کرتے رہیں گے وہ خیر پر رہیں گے۔

اسی مضمون کی حدیث مسند احمد میں حضرت ابوذر غفاریؓ سے مروی ہے جس میں یہ اضافہ ہے: "واخروا السحور" یعنی سحری میں تاخیر کرتے رہیں گے۔

افطار کی فضیلت:۔

جہاں حدیث میں افطار کی فضیلت آئی ہے وہیں افطار کرانے کی بھی فضیلت ہے، مذکورہ بالا احادیث میں افطار کرنے کو خیر ورحمت کا باعث قرار دیا گیا ہے، وہیں حضرت زید بن حارثؓ سے روایت ہے کہ رسول اللہ صلی اللہ علیہ وسلم نے فرمایا:

جس کسی نے روزہ دار کو افطار کرایا، یا کسی مجاہد کو سامان دیا تو اس کے روزہ دار اور مجاہد کے مثل ہی ثواب ملے گا

(شعب الایمان للبیہقی وشرح السنہ للبغوی)

اس کیلئے علاوہ بھی متعدد حدیثوں میں یہ فضیلتیں بیان کی گئی ہے۔

(۱) روزہ افطار کرانے والے کے گناہ معاف کر دیئے جاتے ہیں۔

(۲) روزہ افطار کرانے والے کو جہنم سے نجات کا پروانہ دیا جاتا ہے۔

(مسلم شریف وغیرہ)۔

لیکن روزہ افطار کرانے کی ہر شخص میں سکت نہیں ہے، اس کا بھی حل ایک روایت میں موجود ہے۔ حضرت سلمان فارسی فرماتے ہیں "یارسول اللہ! ہم میں سے ہر شخص میں روزہ افطار کرانے کی سکت نہیں ہے"

تو حضور صلی اللہ علیہ وسلم نے فرمایا کہ "یہ اجر، ان لوگوں کیلئے بھی ہے جو ایک گھونٹ دودھ، ایک عدد کھجور حتی کہ ایک گھونٹ پانی سے بھی کسی کو افطار کرادے"۔

اگر مسلمانوں میں کوئی صاحب ثروت شخص طلباء، علماء اور مدارس کے سفراء کیلئے افطار وسحر کا نظم کرتے ہیں تو یہ بڑا ہی ثواب کا عمل ہے، ایک تو افطار کا ثواب، دوسرا

اکرام علماء اور تیسرا علم دین کی قدر و قیمت۔

افطار میں کیا کھانا چاہئے یہ بھی حدیث میں مذکورہ ہے چنانچہ روایت ہے:

عن سلمان بن عامر عمھا قال قال رسول اللہ صلی اللہ علیہ وسلم

اِذا کان اَحدکم صائما فلیفطر علی التمر فاِن لم یجد التمر فعلی الماء فاِن الماء طھور

جب تم میں سے کسی کا روزہ ہو تو وہ کھجور سے افطار کرے، اگر کھجور نہ پائے تو پھر پانی سے ہی افطار کرے، اس لئے کہ پانی کو اللہ تعالیٰ نے طہور بنایا ہے۔ (مسند احمد)

اہل عرب کیلئے کھجور بہترین غذا ہے، اس لئے رسول اللہ صلی اللہ علیہ وسلم نے اس کی ترغیب دی، اگر کھجور نہ ملے تو پانی سے افطار کرنا بہتر ہے، پانی کی یہ مبارک خصوصیت بتائی کہ اللہ تعالیٰ نے اس کو طہور فرمایا ہے۔ اس سے افطار کرنے میں ظاہر و باطن کی نیک فالی بھی ہے۔

ترمذی میں حضرت انسؓ کی روایت ہے کہ نبی اکرم صلی اللہ علیہ وسلم مغرب کی نماز سے قبل چند تر کھجوروں اور روزہ افطار فرماتے تھے، اگر تر کھجوریں بروقت موجود نہ ہوتیں تو خشک کھجوروں سے افطار فرماتے تھے اور اگر یہ بھی نہ ہوتیں تو چند گھونٹ پانی پی لیتے تھے۔ (سنن ابی داؤد ایضا)

* * *

رمضان المبارک کے احکام و اعمال

مفتی مدثر احمد شاہی

خدائے تعالی کے لطف و کرم سے بندوں پر بار بار روح پرور مواقع رحمتوں و سعادتوں سے لبریز ماہ و ہفتے ایسے عطا کئے جاتے ہیں، جس میں عنایات و فیاضی رحمانی بندوں پر بارش کے قطروں کی طرح برستی ہے۔ اور رحمتوں کا منڈلاتا سیلاب آتا ہے جو طالب خیر کو اپنی رو میں بہالے جاتا ہے۔ نیز عفو و بخشش کے حسین لمحات آکر اہل ایمان کو رذائل سے پاک کر چھوڑتے ہیں۔ بالخصوص یہ وہ ماہ و ہفتے ہیں، جو ہمارے بیچ رمضان کے بابرکت ساعتوں سے جانے جاتے ہیں۔

اس مہینہ میں ہر روز فرشتوں سے منادی کرائی جاتی ہے کہ: اے طالب خیر سامنے آ اور متوجہ ہو! اے طالب شر بس کر! گناہوں سے تائب ہو کر طاعت و نیکی کی زندگی کو اختیار کر۔

روزہ کی حقیقت:

اسلام کے ارکان خمسہ میں سے ایک رمضان کا روزہ بھی ہے۔ جو ہر مکلف پر فرض قطعی ہے۔ صبح صادق سے غروب آفتاب تک عبادت کی نیت سے کھانا پینا اور جماع چھوڑ دینے کا نام روزہ ہے

(بحوالہ: کفایہ جلد ۲، ص ۳۳۳)

روزہ تقوی کے حصول کا اہم ذریعہ:

علامہ ابن القیم رحمۃ اللہ علیہ نے "زاد المعاد" میں تحریر فرمایا ہے کہ: روزہ کے اندر ظاہری اعضاء اور باطنی قوتوں کی حفاظت کرنے کی عجیب تاثیر پائی جاتی ہے۔ اسی طرح روزہ ان فاسد مادوں کی ملاوٹ سے بچاتا ہے، جو نفس پر غالب آکر اسے بگاڑ دیتے ہیں۔ اسی طرح جو گھٹیا جذبات و کیفیات روحانی صحت کیلئے مضر ہیں، روزہ ان سب کو باہر کرنے میں اثر رکھتا ہے۔ نیز روزہ دل، اعضاء و جوارح کی صحت مندی کا محافظ ہے۔ اور جو نفسانی خواہشات کے ہاتھوں صلاحیتیں ضائع ہو جاتی ہیں، انکو روزہ واپس لے آتا ہے۔ پس روزہ تقوی کو حاصل کرنے میں سب سے بڑا معاون عمل ہے

(کتاب المسائل جلد ۲ ص ۶۴)

روزہ کا بے انتہا اجر:

حضرت ابو امامہ باہلی رضی اللہ عنہ فرماتے ہیں کہ میں نے آپ (صلی اللہ علیہ وسلم) سے عرض کیا کہ اے اللہ کے رسول! مجھے کوئی ایسا عمل بتا دیں جو مجھے جنت تک پہنچا دے۔ آپ (صلی اللہ علیہ وسلم) نے ارشاد فرمایا

علیک بالصوم فإنہ لاعدل لہ

تم روزہ رکھو اس لئے کہ وہ بے مثال عمل ہے

(الترغیب جلد ۲ ص ۵۳)

روزہ کی حالت میں ناجائز امور سے اجتناب:

روزہ کا اصل مقصد تقوی کا حصول اور گناہوں سے دوری ہے۔ اور یہ چیز ناجائز امور سے اجتناب کئے بغیر روزہ دار کو میسر نہیں آسکتی۔ اور بھوکے پیاسے رہنے کے سوا اس

کے ہاتھ کچھ نہیں آئیگا۔ حدیث پاک میں ہے:

من لم يدع قول الزور والعمل به فليس لله حاجة في أن يدع طعامه وشرابه

صحيح البخاري » كتاب الصوم » باب: من لم يدع قول الزور، والعمل

جو شخص روزہ میں جھوٹی بات اور ناجائز کلام اور اس پر عمل کرنا نہ چھوڑے تو اللہ تعالی کو اس شخص کے کھانے پینے کو چھوڑنے کی کوئی ضرورت نہیں۔ اس لئے روزہ دار کے لئے لازم ہے گناہوں سے حد درجہ بچنے کی کوشش کرے۔

کن حالتوں میں روزہ نہ رکھنا مباح ہے:

مریض، مسافر، حاملہ، دودھ پلانے والی عورت، تیماردار (جب کہ اس کے روزہ رکھنے سے مریض کا نقصان ہو) اور مجنون، بے ہوشی میں مبتلا شخص کے لئے روزہ نہ رکھنا مباح ہے۔ جب کہ انکا عذر زائل ہو جائے تو روزہ کی قضاء کریں۔ ہاں اگر کوئی ایسا شخص ہو جسے روزہ رکھنے پر قدرت ہی نہ رہے تو اس کے لئے یہ حکم ہے کہ وہ ہر روزہ کے بدلے میں فدیہ (صدقہ فطر کی مقدار) دے دیا کریں (کتاب المسائل جلد ۲ ص ۷۰)

مسئلہ:

بعض لوگ عربی میں روزہ کی نیت ضروری سمجھتے ہیں، یہ صحیح نہیں (جواہر الفقہ جلد ۱ ص ۳۷۸)

مسئلہ:

اگر صبح صادق کے بعد دن میں کسی بھی وقت عورت حیض یا نفاس سے پاک ہوئی یا بچہ بالغ ہوا یا کافر اسلام لایا تو ان کو شام تک روزہ داروں کی طرح رہنا ضروری ہے۔

(فتاوی عالمگیری جلد ۱ ص ۲۱۴)

مسئلہ:

مسافر جس نے سفر کی مشقتوں کے باعث روزہ نہ رکھا اور زوال سے پہلے مقیم ہو گیا اور صبح سے اب تک کوئی کام روزہ کو توڑنے والا نہیں کیا، تو اس کے لئے لازم ہے کہ وہ نیت کر کے اس دن کا روزہ رکھے (شامی ج ۳ ص ۳۸۳)

مسئلہ:

جو بچہ دس سال کا ہو روزہ کی طاقت رکھتا ہو تو اسکو روزہ کا روزہ کا حکم کرے، نہ رکھنے پر تنبیہ کرے۔ (عالمگیری ج ا ص ۲۱۴)

مسئلہ:

جو بچہ دس سال سے کم عمر کا ہو، روزہ رکھنے میں اسے مشقت پیش نہ آئے تو اسے روزہ رکھوائے اور جو طاقت نہ رکھے تو اسے روزہ نہیں رکھوایا جائیگا۔

نوٹ: ہمارے علاقوں میں یہ رسم چل پڑی ہے کہ چھوٹے بچوں کو روزہ رکھوانے کی شروعات ایک فنکشن و تقریب کی شکل میں کی جاتی ہے، جس میں رشتہ دار و اقارب کو مدعو کیا جاتا ہے۔ جس میں روزہ دار اور کئی رشتہ دار بچوں بڑوں کی تصویر کشی کی جاتی ہے اور روزہ دار کی تصویر اخبار میں چھپوائی جاتی ہے، یہ شرعاً ناجائز ہے۔ اور تصویر وغیرہ امور ممنوعہ میں ملوث ہونے کے باعث سخت منع ہے، جب کہ اسکی اصل شریعت میں نہیں۔

روزہ کو توڑنے والی چیزیں:

کان اور ناک میں دوا ڈالنا، قصداً منہ بھر قئے کرنا، کلی کرتے ہوئے حلق میں پانی چلا جانا، عورت کو چھونے وغیرہ سے انزال ہو جانا، لوبان یا عود وغیرہ کا دھواں قصداً حلق میں پہونچنا۔ مثلاً بیڑی، سیگریٹ، بھول کر جماع کیا یا کھا پی لے اور یہ خیال کیا کہ اس سے روزہ ٹوٹ گیا پھر قصداً کھا پی لے، رات سمجھ کر صبح صادق کے بعد سحری کھالی دن باقی تھا مگر غلطی سے یہ سمجھ کر کے آفتاب غروب ہو گیا ہو گا، روزہ افطار کر لیا۔ نوٹ: ان سب

چیزوں سے روزہ ٹوٹ جاتا، مگر صرف قضاء واجب ہوتی ہے، کفارہ لازم نہیں ہوتا۔

مکروہات روزہ:

جن چیزوں سے روزہ نہیں ٹوٹتا مکروہ ہو جاتا ہے:

بلا ضرورت کسی چیز کو چبانا یا نمک وغیرہ چکھ کر تھوک دینا، توتھ پیسٹ یا منجن یا کوئلہ دانت صاف کرنا، تمام دن حالت جنابت میں بغیر غسل کے رہنا، کسی مریض کے لئے اپنا خون دینا، غیبت کرنا یعنی کسی کے پیٹھ پیچھے برائی کرنا، یہ ہر حال میں حرام بالخصوص روزہ میں اسکا گناہ بڑھ جاتا ہے۔ اور روزہ کی حلات میں لڑنا جھگڑنا، گالی دینا کسی انسان یا بے جان یا جاندار کو، اس سے روزہ مکروہ ہو جاتا ہے۔

غمخواری کا مہینہ:

رمضان غمخواری وصبر کا مہینہ ہے، اس بناء پر اپنے ملازمین ونوکروں کے بوجھ کو ہلکا کرنے کا حکم دیا گیا ہے۔ نیز غمخواری کا جھلکتا پہلو یہ ہے کہ اپنے پڑوسیوں، غرباء ومساکین کی خدمت اور دلداری بھی اس ماہ کا خصوصی عمل ہے۔ مروی ہے کہ اس مہینہ میں نبی صلی اللہ علیہ وسلم کا جودوسخا بہت بڑھ جاتا تھا۔ آپ چلتی ہوا سے بھی زیادہ سخی ہو جاتے تھے۔

***

ماہ رمضان - بھرپور استفادہ کیلیے خواتین کالائحہ عمل

ابو انس حسین بن علی العلی / حمید اللہ انعام اللہ سلفی

خواتین ماہ رمضان سے بھرپور استفادہ کالائحہ عمل مرتب و منظم کریں:

یکے بعد دیگرے متعدد رمضان گذر جاتے ہیں لیکن ہماری مسلم بہنیں ان سے وہ فائدہ نہیں اٹھا پاتیں جس کیلیئے اللہ تعالیٰ نے روزہ فرض کیا ہے۔ ماہ رمضان میں شرعی فرض کی ادائیگی کے ساتھ ساتھ جو سب سے بڑا فائدہ مطلوب ہوتا ہے وہ اس آیت کریمہ میں مذکورہ ہے:

یا أیھا الذین آمنوا کتب علیکم الصیام کما کتب علی الذین من قبلکم لعلکم تتقون

"اے مومنو! جس طرح روزہ پہلی امتوں پر فرض تھا تم پر بھی فرض ہے تاکہ تم متقی بن جاؤ"۔

اس لئے ایک مسلم خاتون کو اس مہینے میں جس چیز کے حصول کی خواہش ہونی چاہیئے وہ تقویٰ ہے۔

مسلم خواتین کو چاہیئے کہ وہ اس مہینے میں اپنے اوقات کو پہلے ہی منظم کرلیں، تاکہ

ایک امر کی ادائیگی دوسرے کیلئے مانع نہ ہو۔ مثلاً بعض خواتین کے یہاں کھانا بنانے کا پہلو تعلیم و تعلم پر غالب رہتا ہے، جبکہ بعض دوسری خواتین کے ہاں تعلیم و تعلم کا پہلو گھریلو کام کاج پر غالب رہتا ہے، حالانکہ اس معاملہ میں بلکہ زندگی کے تمام معاملات میں اعتدال ہونا چاہئے، تاکہ بلا افراط و تفریط ہر مستحق کو اس کا حق مل سکے۔ اپنے آرام کرنے، سونے، گھریلو کام کاج کرنے، علم حاصل کرنے، قرآن پڑھنے، اہل و عیال اور احباب کے ساتھ بیٹھنے کے اوقات کو تقسیم کرنا چاہئے، تاکہ ہم اپنی زندگی کے قیمتی اوقات سے بھرپور فائدہ اٹھا سکیں، اور ہمارے کام اللہ کی اطاعت میں شمار ہوں۔

ہر سال ماہ رمضان میں ہم ایک انتہائی تکلیف دہ منظر کا مشاہدہ کرتے ہیں، وہ یہ کہ رمضان میں رات دیر تک بازاروں میں خواتین کی بھیڑ لگی رہتی ہے، اور آخری عشرہ میں یہ بھیڑ مزید بڑھ جاتی ہے۔

اس کی دلیل یہ دی جاتی ہے کہ یہ سب عید الفطر کی تیاری، کپڑوں اور عید کیلئے ضروری سامان کی خریداری کیلئے ہوتا ہے۔ غور کیجئے کہ یہ تصرف کس قدر عجیب ہے۔ ایسا لگتا ہے کہ گویا ہمیں رمضان کے آخری عشرہ کی راتوں میں سڑکوں اور بازاروں میں بکثرت ٹہلنے کا حکم دیا گیا ہے، عبادت اور شب قدر کی تلاش اور اس کے ثواب کے حصول کا نہیں!

اس مشکل کا حل یہ ہے کہ خواتین اس مہینہ میں اللہ سے ڈریں، اور جو کچھ انہیں یا اپنے بچوں کے لیے خریدنا ہو، اس مہینے کی آمد سے پہلے ہی خرید لیں، اور ایسا کرنے میں حسب ذیل کئی فوائد ہیں۔

اس مہینہ میں اوقات کو اللہ تعالیٰ کی عبادت اور اس کے تقرب کیلئے فارغ کرنا

مطلوبہ سامان بآسانی اور بغیر کسی بھیڑ کے خرید لینا

اس میں اقتصادی نقطہ نظر سے بھی فائدہ ہے، کیونکہ جوں جوں یہ مہینہ ختم ہونے لگتا ہے، تو بہت سے تاجر، لوگوں کی ضرورت اور مجبوری کو بھانپ کر اپنے سامان کی قیمت بڑھادیتے ہیں۔

***

قیام اللیل اور قرآن مجید کے اثرات

ڈاکٹر حافظ محمد زبیر

مرکز البیت العتیق، لاہور میں تراویح کے ساتھ خلاصہ قرآن مجید بیان کرنے کی توفیق ملی۔ روزانہ کا معمول یہ تھا کہ ۹ بجے جماعت کھڑی ہو جاتی، اس کے بعد قاری صاحب چار رکعتوں میں نصف پارہ کی تلاوت ترتیل کے ساتھ کرتے۔ پھر درمیان میں آدھے گھنٹے کا وقفہ ہوتا کہ جس میں راقم اسی پارے کا خلاصہ قرآن مجید بیان کرتا کہ جس میں سامعین کے سامنے سلائیڈز پر متعلقہ آیات اور ان کا ترجمہ موجود ہوتا۔ خلاصہ کے بعد ایک اور قاری صاحب ترتیل کے ساتھ آدھے گھنٹے میں بقیہ نصف پارے کی تکمیل فرماتے اور ۱۱ بجے یہ پروگرام اختتام کو پہنچتا۔

اہم بات یہ ہے کہ دونوں قراء حضرات بہت ہی خوبصورت حجاری لہجے میں قرآن مجید کی ٹھہر ٹھہر کر تلاوت فرماتے کہ جو لمبے قیام کے ساتھ نفس میں ایک کیفیت پیدا کر دیتی تھی۔ مزید برآں رمضان کی بیسویں رات سے تراویح کے ساتھ قیام اللیل بھی شروع ہو گیا جو ۱۲ بجے شروع ہوتا اور عموماً ۲ بجے تک جاری رہتا اور بعض اوقات اس میں مزید تاخیر بھی ہو جاتی۔ قیام اللیل میں تین قاری صاحبان تشریف لاتے اور نصف نصف پارہ کی تلاوت فرماتے۔ اس مرتبہ مرکز ہذا میں ایک قرآن مجید تراویح میں ۲۷ کی شب

میں مکمل ہوا اور دوسرے کی تکمیل اللہ کے فضل سے قیام اللیل میں کل رات ۲۹ کی شب میں ہوئی۔

میرا کافی عرصہ معمول رہا ہے کہ میں نے تراویح کے ساتھ دورہ ترجمہ قرآن مجید کا پروگرام کروایا کہ جو روزانہ تقریبا چار گھنٹے کا پروگرام بن جاتا ہے یعنی ایک پارہ تراویح میں تلاوت اور پھر اس مکمل پارے کا ترجمہ اور اس کی مختصر تشریح۔ دورہ ترجمہ قرآن مجید کے پروگرام میں آپ رمضان کی راتوں میں زیادہ وقت قیام اللیل میں نہیں بلکہ قرآن مجید کے تعلیم و تعلم میں گزارتے ہیں اور اس کی اپنی افادیت اور اثرات ہیں۔ لیکن اس دفعہ مرکز البیت العتیق کے پروگرام کا خاصہ یہ تھا کہ لوگوں نے رمضان کی راتوں میں لمبا قیام قرآن مجید کی تلاوت کے ساتھ کیا کہ جس کی افادیت اور اثرات مجھے ذاتی طور دورہ ترجمہ قرآن مجید کے پروگرام سے زیادہ معلوم ہوئے کہ بہر حال ترجمہ، ترجمہ ہی ہے اور قرآن، قرآن ہے۔ اور خود قرآن کا جو اثر ہے، وہ ترجمے میں کہاں آسکتا ہے۔

اور اہم بات یہ ہے کہ لوگوں کا ایک جم غفیر طاق اور جفت راتوں میں قرآن مجید کے ساتھ کھڑا رہا جن میں بچے بھی تھے، عورتیں بھی، جوان بھی اور بوڑھے بھی۔ رات قرآن مجید کی تکمیل کے بعد ایک نمازی میرے پاس تشریف لائے اور کہا کہ میں نے ۳۶ رمضان گزارے ہیں، اس مسجد میں پہلا تھا، لیکن محسوس ہوتا ہے کہ شاید زندگی میں یہ پہلا رمضان تھا۔ ایک بزرگ نے کہا کہ جسم لمبے قیام اللیل کی وجہ سے چور ہو جاتا ہے لیکن کھڑے ہونے سے رہا نہیں جاتا۔ ایک رات ایک بیس برس کے نوجوان کو اپنے ساتھ کھڑے دیکھا جو پورے قیام میں گریہ کی کیفیت میں رہا۔

ایک پندرہ پارے حفظ کیے ہوئے تیرہ سال کا بچہ میرے پاس آیا کہ آپ نے درس میں یہ کہا کہ تنہائی میں بھی قرآن مجید پڑھو تو میں نے مغرب کے بعد تنہائی میں دو رکعات

نفل نماز میں ایک پارہ مکمل کیا لیکن مجھے پریشانی یہ ہے کہ کچھ نماز میرے لمبے قیام کو دیکھ کر بعد میں میرے بارے تبصرہ کر رہے تھے کہ یہ دیکھو، ننھا مجاہد۔ میری نیکی کہیں ضائع تو نہیں ہو گئی؟ سب سے اہم بات یہ تھی کہ لوگ بہت دور دور سے قیام اللیل کے لیے تشریف لا رہے تھے اور ایسے لوگ سینکڑوں میں تھے کہ جو رات بھر لمحہ بھر کے لیے بھی نہ سوتے تھے اور قیام کرنے والوں کی مجموعی تعداد ہزار سے بھی تجاوز کر جاتی تھی۔ اور یہ رمضان کی طاق اور جفت راتوں میں برابر تھا بلکہ مسجد کے ماحول سے یہ معلوم ہی نہ ہو پڑتا تھا کہ یہ طاق رات ہے یا جفت، ماشاء اللہ سے مسجد آخری عشرے کی ہر رات میں خوب آباد ہوتی تھی۔

کچھ قراء کی تلاوت تو ایسا معلوم ہوتا کہ جیسے قلب پر اس کا نزول ہو رہا ہو جیسا کہ قاری داود منشاوی صاحب کی تلاوت۔ قیام اللیل کا آغاز بیسویں کی رات کو ہوا۔ مجھے انیسویں کی رات کچھ مصروفیت کی وجہ سے لمحہ بھر سونے کو نہ ملا، اگلا دن بھی یونیورسٹی کی مصروفیت میں ایسا ہی گزر گیا۔ بیسویں کی رات کو قیام اللیل کے لیے مسجد میں ہی آ گیا لیکن گیارہ بجے ہی تراویح کے بعد اتنی تھکاوٹ ہو چکی تھی کہ اب مزید جاگنے کی ہمت نہ تھی کہ تقریباً پچھلے چوبیس گھنٹوں سے نہ سو پایا تھا۔ ایک طالب علم کو کہا کہ صبح سحری میں جگا دینا اور مدرسہ کے ایک کونے میں سو گیا۔ بارہ بجے قیام اللیل شروع ہوا تو دس پندرہ منٹ بعد میں قاری داود صاحب کی آواز سے آنکھ کھل گئی۔ پھر پانچ دس منٹ بڑا سونے کی کوشش کی کہ نیند پوری نہیں ہے لیکن نیند نہ آئی، ایسے لگتا تھا کہ جیسے قاری صاحب کی تلاوت نے بستر سے اٹھایا، وضو کروایا اور مسجد میں لا کھڑا کر دیا۔

رمضان کی راتوں میں تلاوت قرآن مجید کے ساتھ لمبا اور تھکا دینے والا قیام اپنی نوعیت کا ایک منفرد تجربہ رہا کہ جس سے بہتوں کو بہت سی ایمانی کیفیات حاصل ہوئیں۔

لہذا یہ ذہن میں آیا کہ اسے ایک تحریک بنا کر لوگوں کو اس کی طرف راغب کرنا چاہیے کہ عموماً ذہن میں یہ ہوتا ہے کہ ساری رات قرآن مجید کے ساتھ قیام کیسے ممکن ہے؟ لیکن یہ ایسا ممکن ہوا ہے کہ بچوں اور بوڑھوں نے کیا ہے اور اس کا کریڈٹ مدیر المرکز ڈاکٹر حافظ حمزہ مدنی صاحب کو جاتا ہے کہ جو پچھلے پانچ سات برسوں سے اس کے لیے محنت کر رہے تھے۔ اس سلسلے میں فی الحال تو یہ پروگرام بنایا ہے کہ اگلے سال اپریل کے مہینے میں ایک تو ایک ہفتے کی ورکشاپ مرکز البیت العتیق، لاہور میں یا کسی اور مقام پر منعقد کروائیں گے کہ جس کا مقصد ایسے مدرسین تیار کرنا ہوگا جو رمضان میں ایسے انداز میں قرآن مجید کا خلاصہ بیان کر سکیں کہ قرآن کو سوسائٹی اور اس کے ایشوز سے ریلیٹ کر کے دیکھا دیں۔

اور دوسرا یہ کہ مرکز البیت العتیق کے کلیہ القرآن سے خوبصورت تلاوت کرنے والے قراء حضرات مختلف شہروں میں اہل حدیث مساجد میں مہیا کیے جائیں تاکہ وہاں بھی قیام اللیل کا ماحول پیدا ہو۔ یعنی مرکز سے خلاصہ قرآن مجید کے لیے مدرس بھی اور تراویح اور قیام اللیل کے لیے قاری صاحب بھی فراہم کیے جائیں۔ مدرس تو خود مسجد کے لوگ مہیا کریں کہ جس کو مرکز البیت العتیق ایک ہفتے میں خلاصہ قرآن مجید کی ٹریننگ اور ایسا مواد دے کہ وہ اپنے شہر میں اپنی مسجد میں پروجیکٹر وغیرہ پر خلاصہ قرآن مجید کو ایک انٹرایکٹو سیشن بنا سکیں اور لوگوں کو قیام اللیل کے لیے موٹیویٹ کرنے کا ذریعہ بن سکیں۔ اور دوسرا قاری صاحب مرکز البیت العتیق کے کلیہ قرآن کی طرف سے مختلف مساجد میں مبعوث کیے جائیں اور اس مقصد سے کلیہ قرآن میں اچھے طلباء کو سال بھر میں تیاری کروائی جائے۔

***

شب قدر: ہزار مہینوں سے بہتر رات

رفیع الدین حنیف قاسمی

اللہ عزوجل نے امت محمدیہ پر جو خصوصی نوازشات اور انعامات فرمائے ہیں، ان میں سے ایک شب قدر بھی ہے، یہ بابرکت اور بے شمار خیر وخوبیوں سے معمور رات صرف امتِ محمدیہ ہی کو عطا ہوئی ہے، اس رات کی اہمیت اور قدر کو بتلانے کے لئے یہ بتلادینا کافی ہے کہ اللہ عزوجل اس رات کے فضائل وبرکات اور انوارات کو بیان کرنے کے لئے ایک مستقل سورۃ "سورۃ القدر" کے نام سے اپنی کتاب خالد میں نازل کی ہے، جس میں اللہ عزوجل نے اس رات کے خصائص کا خود تذکرہ فرمایا ہے

لیلۃ القدر کیوں عطا ہوئی؟: امت محمدیہ کو شب قدر کا یہ بیش بہا انعام عطا کئے جانے کا سبب کیا ہوا؟ روایات سے اس کی مختلف وجوہ معلوم ہوتے ہیں: موطا مالک میں روایت ہے کہ حضور اکرم اکو پہلی امتوں کی عمروں کا علم ہوا کہ بہت لمبی ہوئیں اور اس کے مقابلہ میں میری امت کی عمریں بہت کم ہوئی ہیں، جس کی بناء پر میری امت کے لوگ پہلی امت کے ساتھ اعمال میں مساوی نہیں ہوسکتے، اس بات سے حضور اکرم اکو صدمہ ہوا تو حق تعالی نے آپ کو شب قدر عطا فرمائی کہ اس ایک شب کی عبادت اور احیاء ہزار ماہ کی عبادت سے بہتر ہے (تفسیر قربی) حضرت ابن مسعود رضی اللہ عنہ فرماتے ہیں کہ حضور

اکرم انے صحابہ کرام کے سامنے بنی اسرائیل کے ایک ایسے شخص کا ذکر فرمایا جو اللہ تعالیٰ کی راہ میں مسلسل ایک ہزار ماہ تک ہتھیار بند رہا اور جہاد کرتا رہا، صحابہ کو یہ سن کر اس شخص پر بڑا رشک آیا، حق تعالیٰ نے اس کے عوض ان حضرات کو شب قدر عطاء فرمائی، اور سورۂ قدر نازل ہوئی (تفسیر قرطبی) اور ایک روایت میں ہے کہ علی بن عروہ فرماتے ہیں کہ: حضور اکرم انے ایک روز بنی اسرائیل کے چار حضرات یعنی حضرت ایوب، حضرت زکریا، حضرت حزقیل اور حضرت یوشع بن نون علیہم السلام کا ذکر فرمایا جو اسی اسی سال تک حق تعالیٰ کی عبادت میں مشغول رہے اور پل جھپکنے کے برابر بھی اللہ تعالیٰ کی نافرمانی نہیں کی، اس پر صحابہ کو تعجب ہوا تو حضرت جبرائیل علیہ السلام سورۃ القدر لے کر نازل ہوئے اور حضور اکرم اسے فرمایا کہ: آپ کی امت ان حضرات کی اسی سال کی عبادت پر تعجب کرتی ہے، اللہ نے ایک شب آپ کو ایسی عطا فرمائی ہے کہ اس میں عبادت کرنا اسی سال کی عبادت کرنے سے بہتر ہے (روح المعانی: ۳۰/ ۱۹۲) بعض روایات میں ہے کہ حضرت سلیمان علیہ السلام کی مدت حکومت پانچ سو مہینے تھی اور ذوالقرنین کی مدت سلطنت بھی پانچ سو ماہ تھی، اللہ عزوجل نے اس امت کو لیلۃ القدر عطا کی کہ اس شب کی عبادت کا اجر و ثواب ان دونوں بادشاہوں کی مجموعی مدت سلطنت یعنی ایک ہزار ماہ کی حکومت سے بہتر ہے۔

قرآن میں شب قدر کا ذکر: اس امت کو شب قدر بخشے جانے کی وجہ اور اصل سبب کچھ بھی ہو؛ لیکن یہ وہ عطا اور بخشش کی رات ہے جس سے پچھلی امتیں محروم تھی، اللہ عزوجل اس رات میں اہمیت کو بتلانے کے لئے ایک مستقل سورت نازل فرمائی، ارشاد باری عزوجل ہے: "ہم نے اس کو کتاب کو اتارا شب قدر میں اور تم کو معلوم ہے شب قدر کیا چیز ہے؟ ہزار مہینے سے بہتر ہے، اس میں فرشتے اور روح الأمین اپنے رب کے حکم سے

اترتے ہیں، اور یہ رات صبح ہونے تک امن و سلامتی کی باعث ہے " اللہ عزوجل نے اس رات کی عظمت کو بتانے کے لئے پہلے بیان بعد الابہام کا اسلوب اختیار فرمایا کہ پہلے مبہم طور پر بیان کرنے کے بعد پھر خود سے اس رات کی جلالت و عظمت کو تفصیلا بیان فرمایا کہ "شب قدر ہزار مہینوں سے بہتر ہے " امام قرطبی کے مطابق "اس شب میں عبادت ان ہزار ماہ کی عبادت سے بہتر ہے جن میں لیلۃ القدر شامل نہ ہو " (قرطبی) اس شب کی فضیلت کو بتلانے کے لئے اتنا ہی کافی تھا کہ اس کو ہزار ماہ سے افضل اور بہتر قرار دیا گیا؛ لیکن اس کی مزید عظمت کو بیان کرنے کے لئے فرمایا" اس میں فرشتے اور روح الامین اپنے رب کے حکم سے اترتے ہیں " امام قرطبی کے بیان کے مطابق :" اس شب میں ہر آسمان سے حتی کہ سدرۃ المنتہی سے بھی فرشتے نازل ہوتے ہیں اور لوگوں کی دعا پر آمین کہتے ہیں " (قرطبی) شاہ عبد العزیز محدث دہلویؒ فرماتے ہیں کہ ": اس شب میں ملائکۃ کو زمین پر نازل کر کے بنی آدم کی عبادت ، انابت الی اللہ اور تسبیح اور تہلیل کا نقشہ دکھلانا مقصود ہوتا ہے ؛ تاکہ بنی آدم کے بارے میں فساد اور خون مچانے والی مخلوق کہہ ان کی پیدائش اور خلقت کے تعلق سے جو شبہات اور اندیشے ظاہر کئے اس کا مشاہداتی جواب ان کو مل جائے "۔ اللہ عزول نے اس رات کی ایک صفت "سلام " بیان فرمائی ہے حضر ت نافع رحمہ اللہ اس کی تفسیر میں فرماتے ہیں کہ :" شب قدر پوری ہی سلامتی اور خیر والی ہے ، اس میں کوئی شر نہیں " امام شعبی فرماتے ہیں کہ : سلام کے معنی یہ ہیں کہ اس شب میں غروب شمس سے طلوع فجر تک ملائکہ مومنین کے لئے سلامتی کی دعاء کرتے ہیں اور ہر مومن کو " السلام علیکم آیھا المومن " کہتے ہیں "۔ ملائکہ کے اس نزول وصعود اور مومنین کے لئے دعاواستغفار کا سلسلہ صبح صادق تک جاری رہتا ہے۔ (قرطبی)

لیلۃ القدر کی وجہ تسمیہ : لیلۃ القدر کو " لیلۃ القدر " کیوں کہا جاتا ہے ؟ قدر کے ایک

معنی عظمت و شرف کے ہیں۔ زہری وغیرہ حضرات علمانے اس جگہ یہی معنی لئے ہیں اور اس رات کو لیلۃ القدر کہنے کی وجہ سے اس رات کی عظمت و شرف ہے۔ اور ابو بکر وراق نے فرمایا:س رات کو لیلۃ القدر اس وجہ سے کہا گیا کہ جس آدمی کی اس سے پہلے اپنی بے عملی کے سبب کوئی قدر و قیمت نہ تھی اس رات میں توبہ واستغفار اور عبادت کے ذریعہ وہ صاحب قدر و شرف بن جاتا ہے۔ قدر کے دوسرے معنی تقدیر و حکم کے بھی آتے ہیں، اس معنے کے اعتبار سے لیلۃ القدر کہنے کی وجہ یہ ہوگی کہ اس رات میں تمام مخلوقات کے لئے جو کچھ تقدیر ازلی میں لکھا ہے اس کا جو حصہ اس سال میں رمضان سے اگلے رمضان تک پیش آنیوالا ہے وہ ان فرشتوں کے حوالہ کر دیا جاتا ہے جو کائنات کی تدبیر اور تنفید امور کے لئے مامور ہیں، اس میں ہر انسان کی عمر اور موت اور رزق اور بارش وغیرہ کی مقداریں مقررہ فرشتوں کو لکھوادی جاتی ہیں یہاں تک کہ جس شخص کو اس سال میں حج نصیب ہوگا وہ بھی لکھدیا جاتا ہے (قرطبی:۲۰/۱۳۰) پھر پندرھویں شعبان کے متعلق جو تذکرہ آتا ہے کہ امور تقدیر کے فیصلے اس رات میں لکھے جاتے ہیں وہ اس طور پر کہ امور تقدیر کے اجمالی فیصلے تو شب برات میں ہو جاتے ہیں، پھر ان کی تفصیلات "لیلۃ القدر" میں لکھی جاتی ہیں۔

لیلۃ القدر کونسی رات میں ہوتی ہے ؟اتنی بات تو قرآن کریم کی تصریحات سے ثابت ہے کہ شب قدر ماہ رمضان المبارک میں آتی ہے مگر تاریخ کے تعین میں علما کے مختلف اقوال ہیں جو چالیس تک پہنچتے ہیں مگر تفسیر مظہری میں ہے کہ ان سب اقوال میں تاریخ کے تعین میں علماء کے مختلف اقوال ہیں جو چالیس تک پہنچتے ہیں مگر تفسیر مظہری میں ہے کہ ان سب اقوال میں صحیح یہ ہے کہ لیلۃ القدر رمضان مبارک کے آخری عشرہ میں ہوتی ہے مگر آخری عشرہ کی کوئی خاص تاریخ متعین نہیں بلکہ ان میں سے کسی بھی

رات میں ہو سکتی ہے وہ ہر رمضان میں بدلتی بھی رہتی ہے اور ان دس میں سے خاص طاق راتیں یعنی ۲۱، ۲۳، ۲۵، ۲۷، ۲۹ میں از روئے احادیث صحیحہ زیادہ احتمال ہے۔ اس قول میں تمام احادیث جو تعیین شب قدر کے متعلق آئی ہیں جمع ہو جاتی ہیں جن میں ۲۱، ۲۳، ۲۵، ۲۷، ۲۹ راتوں میں شب قدر ہونے کا ذکر آیا ہے۔ اگر شب قدر کو ان راتوں میں دائر اور ہر رمضان میں منتقل ہونے والا قرار دیا جائے تو یہ سب روایات حدیث اپنی اپنی جگہ درست اور ثابت ہو جاتی ہیں کسی میں تاویل کی ضرورت نہیں رہتی، اسی لئے اکثر ائمہ فقہانے اس کو عشرہ اخیرہ میں منتقل ہونے والی رات قرار دیا ہے:(ابن کثیر) لیکن تمام اقوال میں راجح قول جمہور علماء کا ہے کہ وہ رمضان کی ستائیسویں رات ہے جیسا کہ مسلم میں حضرت ابی بن کعب رضی اللہ عنہ کی روایت ہے: ابی بن کعب رضی اللہ عنہ حضور اکرم اسے نقل فرماتے ہیں کہ:"لیلۃ القدر ستائیسویں رات میں ہے" اور ایک روایت میں حضرت ابی بن کعب رضی اللہ عنہ قسم کھا کر فرماتے ہیں کہ: خدا وحدہ لا شریک لہ کی قسم لیلۃ القدر جس میں قیام کرنے کے لئے حضور اکرم انے ہمیں حکم دیا میں خوب جانتا ہوں کہ وہ رمضان کی ستائسویں شب ہے۔ ان کے علاوہ حضرت ابن عباس، ابن عمر اور حضرت معاویہ رضی اللہ عنہم وغیرہ بھی جیسا کہ ابن کثیر نے نقل کیا ہے حضور اکرم اسے نقل کرتے ہیں کہ کہ وہ رمضان کی ستائیسویں شب ہے۔

لیلۃ القدر کے بعض فضائل: صحیح بخاری میں حضرت صدیقہ عائشہ کی روایت سے آیا ہے کہ رسول اللہ صلی اللہ علیہ وآلہ وسلم نے فرمایا:" تحروالیلۃ القدر فی العشر الاواخر من رمضان "یعنی شب قدر کو رمضان کے آخری عشرہ میں تلاش کرو اور صحیح مسلم میں حضرت ابن عمر کی روایت سے آیا ہے کہ رسول اللہ صلی اللہ علیہ وآلہ وسلم نے فرمایا" فاطلبوھا فی الوتر منھا" یعنی شب قدر کو رمضان کے عشرہ اخیرہ کی طاق راتوں میں طلب

کرو۔(مظہری)حضرت ابوہریرہ رضی اللہ عنہ سے روایت ہے کہ رسول اللہ انے ارشاد فرمایا: جو شخص شب قدر میں ایمان کی حالت میں اور ثواب کی نیت سے (عبادت کے لئے) کھڑا ہوا، اس کے پچھلے تمام گناہ معاف کردیئے جاتے ہیں "(بخاری، مسلم)اس رات کی سب سے بڑی فضیلت تو وہی ہے جو اس سورت میں بیان ہوئی ہے کہ اس ایک رات کی عبادت ایک ہزار مہینوں یعنی تراسی ۸۳ سال سے زائد کی عبادت سے بھی بہتر ہے پھر بہتر ہونے کی کوئی حد مقرر نہیں، کتنی بہتر ہے کہ دوگنی چوگنی دس گنی سوگنی وغیرہ سبھی احتمالات ہیں۔اور حضرت ابن عباس سے روایت ہے کہ نبی کریم صلی اللہ علیہ وآلہ وسلم نے فرمایا کہ:شب قدر میں وہ تمام فرشتے جن کا مقام سدرالمنتھی پر ہے جبرئیل امین کیساتھ دنیا میں اترتے ہیں اور کوئی مومن مرد یا عورت ایسی نہیں جس کو وہ سلام نہ کرتے ہوں بجز اس آدمی کے جو شراب پیتا یا خنزیر کا گوشت کھاتا ہو۔اور ایک حدیث میں رسول اللہ صلی اللہ علیہ وآلہ وسلم نے فرمایا کہ: جو شخص شب قدر کی خیر و برکت سے محروم رہا وہ بالکل ہی محروم بدنصیب ہے۔

شب قدر کے اعمال:شب قدر اللہ عزوجل کی ایک عظیم نعمت ہے کہ اس کا پالینا اور اس میں ذکر وعبادت میں مشغول رہنا سعادت عظمی اور فلاح دارین کا باعث ہے، جو خوش قسمت اس شب کو پائے اسے چاہے کہ اس میں اس دعا کا زیادہ اہتمام کرے جو حضرت عائشہ سے منقول ہے کہ انہوں نے رسول اللہ صلی اللہ علیہ وآلہ وسلم سے دریافت کیا کہ: اگر میں شب قدر کو پاؤں تو کیا دعا کروں آپ نے فرمایا کہ: یہ دعا کر"و اللھم انک عفو تحب العفو فاعف عنی" یا اللہ آپ بہت معاف کرنے والے ہیں اور معافی کو پسند کرتے ہیں۔ میری خطائیں معاف فرمایئے۔(قرطبی)

کم از کم اگر کسی کو اس شب میں پوری رات عبادت وذکر کی ہمت اور توفیق نہ ہو تو

جس قدر بھی ممکن ہو سکے اس کے شرف سے محروم نہ رہے اور کم از کم مغرب وعشاء کی نماز باجماعت کا ضرور اہتمام کرے، امام قرطبی نے عبید اللہ بن عامر بن ربیعہ کی روایت نقل کی ہے کہ وہ فرماتے ہیں کہ حضور اکرم انے فرمایا: جس نے شب قدر کی مغرب وعشاء کی نماز باجماعت ادا کی اس نے شب قدر سے اپنا حصہ پالیا" مقصد یہ ہے ہر شخص کو اس رات کا کچھ نہ کچھ حصہ مل جائے، اگرچہ تمام شب بیداری کرنے والے کا حصہ اس سے زیادہ اور بہتر ہے۔ اللہ ہمیں توفیق ارزانی عطا کرے۔

***

اسلام کا نظام زکاۃ وصدقات

رفیع الدین حنیف قاسمی

اسلام کا نظام زکاۃ وصدقات: مال کی پاکیزگی اور دولت کے منصفانہ تقسیم کا ضامن ہے۔

آج اس وقت ساری دنیا میں دولت کے حصول کے لئے گویا بازی سے لگی ہوئی ہے، غریب کو غریب سے غریب تر کر دینا اور امیر کا امیر سے امیر ترین ہونا اور ساری دنیا کی دولت کو اپنی مٹھی میں کر لینا آج کے سرمایہ دارنہ ذہنیت کی اپچ ہے، بڑے سے لے کر چھوٹے سے چھوٹے کاروبار کو سرمایہ کار اپناتے جارہے ہیں، جس سے ایک طرف امراء کی دولت میں اضافہ اور انہیں کے یہاں پیسوں کی گردش اور غریب کے تنگ دستی اور تہی دامنی اور اس کی غربت وافلاس نے معاشرے اور سماج میں ایک ایک غیر متوازن صورتحال پیدا کر دی ہے ،مال ودولت کی اس گردش کی غیر متوازن صورتحال سے نمٹنے کے لئے اشتراکی نظام اور دیگر بہت سارے نظام وجود میں آئے ؛لیکن غربت اور مفلسی کے خاتمہ اور امیر وغریب کے درمیان دولت کی منصفانہ تقسیم کا کام ان سے نہیں ہو سکا، اسلام ایک آفاقی اور ابدی مذہب ہے، اس میں ہر مسئلہ کا حل موجود ہے، بغیر دیکھے بغیر چوں وچرا کے اس ابدی نظام اوراس کے ایک ایک حکم کو اپناتے جائیں اور اپنے مسائل

کے حل خود بخود ہوتے جائیں گے، کسی بھی نظام کے قیام یا کسی بھی طرح کی تگ ودو کی ہر گز ضرورت نہیں، اسلام کا نظام انفاق یا زکاۃ وصدقات کا نظام اور اس کی جس انداز میں ترغیب دی گئی ہے، یہ نظام زکوۃ وصدقات اور نظام انفاق بجائے خود یہ معاشرے میں دولت کے منصفانہ تقسیم کا نہایت اور بہترین ذریعہ ہے، جس سے امیر کی امارت اور غریب کی مفلسی دونوں کا حل بجائے خود ہو جائے گا، نہ امیر کی دولت کو جس نے تگ ودو سے کمائی ہے ہتھیانے کا حربہ اختیار کرنا پڑے اور نہ غریب کی مفلسی اور ناداری کے زخموں نمک پاشی کا موقع ملے، اگر سارے دنیا میں نظام زکوۃ وصدقات رائج ہو جائے تو ایک معتدل اور متوازن اور معاشرے میں دولت کی تقسیم کا ایک منصفانہ نظام وجود میں آئے گا اور ساری دنیا امن وآشتی کا گہوارہ کا بن جائے گی۔

زکاۃ ایک اہم فریضہ:

چنانچہ اللہ عزوجل نے زکوۃ کو نہ صرف ایک عبادت قرار دیا؛ بلکہ اس کو منجملہ ارکان کے جس پر اسلام کی بنیاد ہے شمار کیا ہے، چنانچہ ابن عمر رضی اللہ عنہ سے روایت ہے کہ رسول اللہ صلی اللہ علیہ وآلہ وسلم نے ارشاد فرمایا اسلام کی بنیاد پانچ چیزوں پر ہے: اس بات کا اقرار کہ اللہ تعالی کے سوا کوئی عبادت کے لائق نہیں اور محمد صلی اللہ علیہ وآلہ وسلم اللہ تعالی کے بندے اور اس کے رسول ہیں، نماز پابندی سے پڑھنا، زکوادا کرنا، بیت اللہ کا حج کرنا اور رمضان کے روزے رکھنا۔ (بخاری: باب الإیمان، حدیث:۸)

زکاۃ مال کی پاکیزگی اور آفات سے حفاظت کا ذریعہ:

اس کے علاوہ اللہ عزوجل نے زکاۃ کو مال کی پاکیزگی تطہیر اور آفات وبلیلات سے حفاظت کا ذریعہ بتلایا اور عدم ادائیگی زکاۃ کو سخت ترین عذابات اور وبالوں کے نزول کا باعث قرار دیا۔

چنانچہ ارشاد باری عزوجل ہے:۔ جو لوگ سونا اور چاندی جمع کر کے رکھتے ہیں اور اسے اللہ کی راہ میں خرچ نہیں کرتے (اے نبی) انہیں آپ دردناک عذاب کی خوشخبری دے دیجئے، جس دن اس سونے اور چاندی کو جہنم کی آگ میں تپایا جائے گا پھر اس سے ان کی پیشانیوں، پہلوں اور پشتوں کو داغا جائے گا (اور کہا جائے گا) یہ ہے وہ خزانہ جو تم نے اپنے لئے جمع کر رکھا تھا لہذا اب اپنی جمع شدہ دولت کا مزا چکھو (سورۃ التوبۃ : ۳۴۔۳۵)

ایک حدیث میں ہے: جس شخص نے اپنے مال کی زکوۃ ادا کر دی، اس نیاس کے شر کو دور کر دیا (کنزالعمال، حدیث: ۱۵۷۷۸) اور ایک روایت میں ہے کہ: "جب تم نے اپنے مال کی زکاۃ ادا کر دی تو تم پر جو ذمہ داری عائد ہوتی تھی، اس سے تم سکبدوش ہو گئے "فقد قضیت ما علیک" (ترمذی) اور ایک جگہ ارشاد نبوی ہے:" اپنے مالوں کو زکوۃ کے ذریعہ محفوظ کرو، اپنے بیماروں کا صدقے کے ذریعے علاج کرو، اور مصائب کا مقابلہ دعاء اور تضرع سے کرو" (ابو داؤد) اور ایک روایت میں ہے: جو شخص اپنے مال کی زکاۃ ادا نہیں کرتا، قیامت میں اس کا مال گنجے سانپ کی شکل میں آئے گا اور اس کی گردن سے لپٹ کر گے کا طوق بن جائے گا" (سنن النسائی)۔

زکاۃ کے دیگر فوائد:

زکاۃ جہاں مال کی تطہیر اروپاکیزگی، رب کی رضاجوئی وخوشنودی اور مال کی ہلاکت اور آفات وبلیلات میں ضائع ہونے سے بچانے کا ذریعہ ہے، وہی یہ سارے معاشرے میں میں دولت کے منصفانہ تقسیم کا بھی ایک مضبوط نظام ہے۔

ا۔ اگر لوگ زکوۃ کو ایک معاشرتی ذمہ داری اور ملک اور قوم سے غربت کے خاتمہ کا ذریعہ سمجھ کر ادا کرتے ہیں، تو نہ صرف اس سے ملک اور قوم کی غربت اور افلاس کا

خاتمہ ہوجائے گا؛ بلکہ ملک اور قوم کی مضبوطی اور طاقت بھی ملک وقوم سے افلاس اور ناداری ولاچاری اور بھوک مری کو ختم کرنے میں ہی مضمر ہے، اس سے نہ صرف امیری اور غریبی کی جنگ کا خاتمہ ہوگا؛ بلکہ رضاکارانہ طور نظام زکوۃ کو اپنانے سے غریبی اور اور امیری کی خلیج ختم ہوجائے گی اور بذات خود دولت کی منصفانہ تقسیم کا عمل وجود میں آجائے گا۔ اور امراء اور غرباء میں ایک دوسرے سے ہمدردی کے جذبات پیدا ہوں گے اور معاشرے میں تال میل کے مواقع جنم لیں گے۔

۲۔ علماء نے معاشرے میں مال کی گردش کی مثال جسم میں خون کی گردش سے دی ہے، بقائے حیات کے لئے جسم کے ہر ہر عضو میں خون کی دوران اور گردش ضروری ہے، اسی طرح سماج اور معاشرے کے بقائے باہم کے لئے مال ودولت کی منصفانہ تقسیم کے نظام کار کی بھی اتنی ہی ضرورت ہے، اگر خون کی گردش جسم میں بند ہوجائے تو حرکت قلب کے بند ہونے کا خطرہ درپیش ہوتا ہے، یہی کچھ صورتحال مال کی معاشرے میں عادلانہ تقسیم اور گردش ہے، ورنہ معاشرہ کا ایک حصہ بیمار زدہ اور تکلیف زدہ اور مصائب ومتاعب کا شکار ہوجائے گا جو کہ سارے معاشرے کے لئے وبال جان بن جائے گا۔ اس کے لئے اسلام کے نظام زکاۃ کا سہارا لیا جاتا ہے تو اس مرض کا علاج خود بخود نکل آئے گا۔ اور سارا معاشرہ خوشحالی اور امن وعافیت کا گہوارہ بن جائے گا۔

۳۔ یا معاشرے کی مثال پورے جسم سے دی ہے اور اس کے افراد کی مثال جسم کے مختلف اعضاء سے دی ہے، جب جسم کے کسی عضو میں کسی حادثے یا بیماری سے خون منجمد ہوجاتا ہے، تو وہ گل سڑ کر باہر نکل آتا ہے، اور یہ زخم اس کے لئے سوہان روح اور وبالِ جان ثابت ہوتا ہے، اسی طرح جب معاشرے کے بعض افراد میں مال ودولت کی فراوانی ہوجاتی ہے تو یہ مال ودولت کی زیادتی انسان کو تعیش پسندی، عیش کوشی، حرام کاری پر

آمادہ کیئے دیتی ہے، کبھی تو یہ پیسہ عدالتوں اور کورٹوں کی چکر میں ضائع ہو جاتا ہے، یا بیماریوں یا امراض میں لگ جاتا ہے، یا کسی اور دوسرے طریق سے برباد ہو جاتا ہے، اس زیاں اور بربادی کا احساس تک نہیں ہوتا، اللہ عزوجل نے مال ودولت کی فراوانی جو انسان کو آمادہ جرائم کیئے دیتی ہے، مال ودولت کی شکل میں در آنے والے ان پھوڑے پھنسیوں کے علاج کے لئے زکاۃ اور صدقات کا نظام رائج کیا ہے، اس سے انسان کو بے جا اسراف سے مصاعب ومتاعب کو دعوت دینے سے بچ جاتا ہے۔

۴۔اس کے علاوہ غریبوں اور مسکینوں کے ساتھ ہمدردی، ان کے دکھ درد میں شرکت، اور ان کے فقر وافلاس میں کام آنے، ان کی تنگی معیشت اور ان کی معاشی بدحالی کے ازالے کے لئے کوشاں ہونا اور ان کے لئے دل میں رحم وکرم کے جذبات پیدا ہونا یہ خود ایک اعلی انسانی وصف ہے، جو شخص اس وصف سے عاری ہے وہ بجائے انسان کے جانور کہلائے جانے کے زیادہ قابل ہے، زکاۃ اور صدقات کا یہ نظام اور اس پر عمل آوری یہ غریبوں کے کام آنے کا بڑا ذریعہ ہے، ان کی غربت وافلاس کے خاتمہ کا سبب ہے۔ امراء اور غرباء میں تال میل اور محبت والفت پیدا ہوتی ہے۔

۵۔اس کے علاوہ مال کا نہ ہونا یہ انسان کے لئے بگاڑ اور خراب کا ذریعہ بن جاتا ہے، جس کی وجہ سے وہ کبھی غیر اخلاقی اور غیر انسانی حرکات پر آمادہ نظر آتا ہے، معاشرے کی ناانصافی، دولت کی تقسیم میں عدم توازن کو دیکھ کر وہ معاشرتی سکون کو برباد کرنے پر آمادہ ہو جاتا ہے، اس کے لئے کبھی وہ ڈکیتی، چوری چکاری، جھوٹ، دھوکہ دہی، کا سہارا لیتا ہے، کبھی تو وہ غربت کے خاطر اپنی جان سے ہاتھ دھونے پر تل جاتا ہے تو کبھی وہ دو وقت کی روزی کے عدم حصول پر عزت وعصمت کو نیلام کرنے سے باز نہیں آتا، کبھی تو فقر وفاقہ کے علاج کے لئے کفر پر آمادہ اور ایمان سے ہاتھ دھونے کی سوچنے لگتا ہے، اسی

کو فرمایا: "کاد الفقر اَن یکون کفرا" (شعب الایمان) فقر و محتاجی کفر کا سبب بن جاتی ہے ،زکوۃ وصدقات کے ذریعہ ان برائیوں کا خاتمہ ہو سکتا ہے۔

٦۔اس کے علاوہ مال واسباب کی فروانی بھی آمادہ گناہ و معصیت کئی دیتی ہے، مال کی زیادتی سے جو معصیتیں اور گناہ انسان سے سرزد ہوتے ہیں، مالدار گھرانوں کے نوجوان جس قسم کی عیاشی اور غیر اخلاقی وغیر انسانی حرکتوں میں ملوث نظر آتی ہے، یہ مال کی زیادتی کا وبال ہے، زکوۃ اور صدقات کے نظام کے ذریعہ مال کی زیادتی در آنی والی برائیوں کے خاتمہ کی راہ اللہ تعالیٰ نے نکالی۔

٧۔اس کے علاوہ زکوۃ اور صدقات کے ذریعہ بلیلات اور مصائب کا دفاع ہوتا ہے، اسی لئے حدیث میں فرمایا: "الصدقۃ تدفع البلاء" صدقہ بلیلات اور مصائب کو دفع کرتا ہے، دولت مند طبقہ بد قسمتی سے جس طرح قدر دولت میں رہتا ہے، اسی طرح آفات و مصائب اور بڑے بڑے امراض میں بھی اسی قدر مبتلا نظر آتا ہے، جس کا حل زکاۃ اور صدقات کو اپنانے میں مضمر ہے۔

٨۔صدقات وزکاۃ کے اہتمام کا ایک فائدہ یہ بھی ہوتا ہے کہ مال ودولت میں برکت ہوتی ہے، صدقات میں بخل سے کام لینا یہ برکتوں کے نزول کو روک دیتا ہے، بے شمار روایتیں اس حوالہ سے مروی ہیں، حدیث میں ہے کہ: جو قوم زکاۃ روک لیتی ہے تو اللہ تعالیٰ اس پر قحط اور خشک سالی مسلط کر دیتا ہے اور آسمان سے بارش بند ہوجاتی ہے" (طبرانی) اور ایک حدیث میں ہے کہ چار چیزوں کا وبال چار چیزوں کی شکل میں ہوتا ہے:

ا۔ جب کوئی قوم عہد شکنی کرتی ہے تو اس پر دشمنوں کو مسلط کر دیا جاتا ہے، ٢۔جب وہ اللہ کے احکام کے خلاف فیصلے کرتی ہے، تو قتل وخونریزی اور موت عام ہو جاتی

ہے۔۳۔جب کوئی قوم زکوۃ روک لیتی ہے تو ان سے بارش روک لی جاتی ہے۔۴۔جب کوئی قوم ناپ تول میں کمی کرتی ہے تو زمین کی پیداوار کم ہو جاتی ہے اور قوم پر قحط مسلط ہو جاتا ہے(السنن الکبری للبیہقی)۔زکوۃ کو روک لینے بارش جس پر ساری زندگی کا مدار ہے روک لی جاتی ہے۔

۹۔اس کے علاوہ ایک مومن حقیقی کے لئے اس دنیا کے حقیر منافع سے بڑھ کر آخرت کی ہمیشہ ہمیش کی زندگی مقصود ہونا چاہئے ، یہ زکوۃ اور صدقات کی شکل میں جو انسان اپنے اموال کو راہ خدا میں خرچ کرتا ہے تو یہ اس کے ذریعہ فقراء پر کوئی احسان تو نہیں کرتا؛ بلکہ اس کا خرچ کیا ہوا اس کیلئے آخرت میں عند اللہ ذخیرہ ہوگا،اسی کو اللہ عزوجل نے فرمایا:"ایسا بھی کوئی ہے جو اللہ تعالی کو اچھا قرض دے پس اللہ تعالی اسے بہت بڑھا چڑھا کر عطا فرمائے گا اللہ ہی تنگی اور کشادگی کرتا ہے اور تم سب اسی کی طرف لوٹائے جاگے۔"(البقرۃ(۲۴۵) یہاں اللہ کے راہ میں خرچ کرنے کو"قرض حسن"سے تعبیر کیا، جس طرح قرض واجب الاداء ہوتا ہے،اسی طرح صدقہ کرنے والے کو مطمئن ہونا چاہئے اس کا یہ صدقہ بے انتہا اور بے پناہ بڑھا کر اسے دیا جائے گا۔

زکوۃ ایک نہایت ہی اہم فریضہ اور معاشرے میں مال کی منصفانہ اور عادلانہ تقسیم کا ذریعہ ہے ،اس کے ذریعہ جہاں امیروں میں غریبوں کی تیئں ہمدردی اور ان پر رحم و کرم اور ان کے ساتھ مساوات و برابری کے جذبات پیدا ہوتے ہیں وہیں وہیں غریبوں کی غربت ، افلاس کا خاتمہ ہوتا ہے اور اس کی ضروریات کی تکمیل کا سامان ہو جاتا ہے ، اس طرح سارا معاشرہ خوش بختی اور خوش حالی اور فارغ البالی کا نمونہ بن جاتا ہے ، جہاں امیروں اور غریبوں کے درمیان کھینچا تانی اور جنگ کا ساماحول نہیں ہوتا۔

***